Günter von Hummel

Jesus und die Frauen

Wege von damals und für heute zur
selbstanalytischen Praxis.

Das Umschlagsbild der Malerin T. Heydecker heißt ‚Lovesick‘, liebeskrank. Das waren nämlich manche der Frauen, die im Neuen Testament zu Jesus in vielfältigen Beziehungen standen. Aber aus den diesbezüglichen Gesprächen resultierten nicht nur die damaligen Heilungen, es lässt sich daraus auch für heute eine Methode zur Selbstanalyse und Selbsttherapie gewinnen.

Herstellung und Verlag: BoD - Books on Demand, Norderstedt
ISBN 9783753407166
Lektorat: S. Möckel, München

Inhaltsverzeichnis

1. Die Tochter des Jairus

In meinem Buch ‚*Signifikant* gott?' habe ich neben allgemeinen psychologischen und theologischen Bemerkungen mehrere Gespräche von Jesus, die er mit verschiedenen Frauen geführt hat, geschildert.[1] Ich hatte
festgestellt, dass die Art, wie Jesus die Gespräche hand-
habt, auch modernen, psychoanalytische Aspekten ge-
horcht. Jesus gibt nicht gleich eine Anweisung, sondern
er lässt zuerst etwas in der Beziehung zu seinen Ge-
sprächspartnerinnen auftauchen, das dem in der Psychoanalyse wichtigen Vorgang von *Übertragung* und einer
daraus resultierenden Beziehungs-*Deutung* entspricht.
Übertragung heißt, dass der Patient oder Klient in der
Therapie Bedeutungen aus eigenen, früheren oder anderen derzeitigen Beziehungen auf den Therapeuten *überträgt*, er diesem also ein Wissen, eine Fähigkeit, *unterstellt,* die dieser möglicherweise – zumindest in so gear-
teter Form – gar nicht hat. Anfänglich sah Freud wegen
dieser Inadäquatheit die *Übertragung* als etwas Nachtei-
liges an.

Denn es war bald klar, dass man dadurch eine künstli-
che Neurose erzeugte. Die Beziehung des Patienten
zum Psychoanalytiker hat etwas Irrelevantes an sich,
denn letzterer ist ja nicht der Heiler, den der Patient sich
erwartet und wünscht. Die Heilung muss vielmehr aus

---

[1] *Signifikant* heißt Bezeichnendes oder Bezeichner, ‚Bedeu-
ter', Bild-Wort-Wirkendes.

dem Inneren, dem Unbewussten des Patienten selbst kommen. Der Therapeut kann nur durch sein Zuhören und vorsichtige Interventionen, indem er aggressives oder libidinös Verdrängtes aus den Äußerungen und dem Verhalten des Patienten herausfiltert, eine Veränderung erreichen, die die krankhaften Symptome mindert. Beide wissen nichts vom andern, es geht um *Seelisches* (Psyche), und dass etwas *analysiert* (aufgelöst) werden muss.

Sowohl Seele wie auch Analyse, sind keine Realitäten, sondern einerseits so etwas Bild-Wirkendes, Imaginäres, und andererseits etwas Wort-Wirkendes, Symbolisches. Letzteres wird in der Psychoanalyse schwerpunktmäßig betont, während Bilder, Blicke sowie die Träume und Phantasien, also all das Bild-Wirkende zwar ins Sprechen einbezogen wird, aber kein eigener Schwerpunkt ist. Im Endeffekt kommt es jedoch auf den Zusammenhang von beiden an, um so an das besonders hartnäckig Wirkende, an das Reale, heranzukommen. Den Zusammenhang von Symbolischem, Imaginärem und Realem zu eruieren, ist eines der Hauptanliegen des therapeutischen Vorgangs.

Genauso wie das Symbolische und das Imaginäre scheinen auch psychoanalytische Wissenschaft und Religion (Meditation) für gewöhnlich etwas Gegensätzliches zu sein. Trotzdem genügt schon eine kleine Annäherung an das Problem, um zu sehen, dass beide Verfahren auch sehr nahe verwandt sind. Dies ist wichtig, denn das Vorgehen von Jesus in seinen Therapien steht dem Meditativen, Imaginären nahe, während der Psychoanalytiker sich hauptsächlich im Worthaften, im Symbolischen bewegt. Letztendlich gilt für beide gleichermaßen das Reale (Freud nannte es die „psychische Realität", was kein idealer Ausdruck war), das das Beständige und doch auch unmöglich ganz zu Erreichende darstellt.

So muss der Analytiker seinem Patienten mit „schwebender Aufmerksamkeit" zuhören, was sehr an eine meditative Haltung erinnert. Die Aufmerksamkeit soll nicht auf rationale Inhalte und Zusammenhänge gerichtet bleiben, sondern eher auf das Schwanken, auf ein Stolpern, ein „Sich-Versprechen", kurz: irrationale Momente in der Rede des Analysanden. Umgekehrt soll dieser in einer Weise reden, als befände er sich geradezu in Trance, er soll „frei assoziieren", bis zur Blödheit und Peinlichkeit alles aus sich heraussprudeln, was also ebenfalls an eine spontane, freie, meditative Praxis erinnert.

Auch beinhalten beide Methoden immer eine gewisse Form der Askese: Jahrelange Sitzungen beim Analytiker sind in regelmäßigen Abständen notwendig, und während dieses ganzen langen Zeitabschnittes muss man alle größeren lebensverändernden Vorhaben zurückstellen, denn man soll nichts ausagieren und außerhalb der Analyse abreagieren. Auch in der Meditation muss man mit langen Jahren des Rückzugs in sich selbst rechnen, mit einem Ringen und Kämpfen in sich selbst, denn der Meditationslehrer nimmt einem nicht die Arbeit an sich selbst ab. So sind die Gemeinsamkeiten deutlicher als die Unterschiede, und so kann ich versuchen, die Dialoge von Jesus mit denen heutiger psychoanalytischer Praxis vergleichen.

Um diesen Vergleich einfach und verständlich zu machen und dennoch wissenschaftliche Vorgaben aus der Psychoanalyse zu nutzen, berufe ich mich auf den französischen Psychoanalytiker J. Lacan, der die Freud'sche Trieb-Struktur-Theorie etwas umformuliert hat. Statt den Eros-Lebens-Trieb und seinen Gegenspieler, den Todes-Trieb in den Vordergrund zu stellen, erklärt Lacan das Paar genau dieses Bild-Wirkende und Wort-Wirkende zu den Grundtrieben des Seelenlebens. Es geht also wieder um das Gleiche, was ich noch weiter vereinfachend auch ein Es *Strahlt* und ein Es *Spricht*, nenne. Der Anschaulichkeit halber zeige ich die verschiedenen Begriffe in ihrer Zusammenfügung in einem Schema. Auch wird gleich klar, dass das Dritte Verbindende das psychisch Reale ist, das alles konkretisiert, stets am gleichen Ort ist und Ursprüngliches und Begrenzendes zugleich bedeutet.

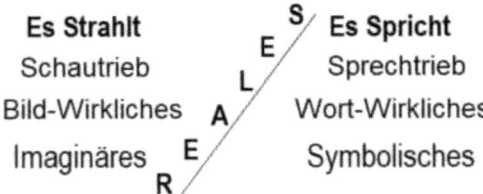

Dieses Schema spiegelt die Begriffe Es *Strahlt* / Es *Spricht* mit den dazugehörigen Unterbegriffen wieder,

der Schrägstrich vermittelt das verbindend-trennende Reale, wozu ich erst später Stellung beziehen will. Ich hätte auf der rechten Seite noch dazuschreiben können ‚linguistisch' und auf der linken ‚kristallin', denn Lacan bezeichnet das Unbewusste als ‚linguistischen Kristall', also ebenfalls wieder als ein sprechendes *Strahlt* oder ‚kristallines *Spricht*, die sich *überkreuzen* und überlappen. Damit zuerst einmal Schluss mit der Theorie, die so knapp zu kennen aber notwendig sein wird.

In der Begegnung mit einer Frau namens Martha in Lk 10;38-41 und 11; 27-28 geht es gleich sichtbar und konkret um ein Problem mit diesem Bild-Wort-Wirkenden, das in der Religion mit starken Gefühlen besetzt ist. Freud hatte mehrere Kommentare zu einer Auseinandersetzung mit dem Schriftsteller und Philosophen Romain Rolland geführt, weil ihn zu starker Gefühlsreichtum störte. Rolland schrieb der Religion und der Meditation ein „ozeanisches Gefühl" zu, das groß und wichtig sei, während Freud dem Intellekt und seinen wissenschaftlichen Begründungen treu bleiben wollte. Was es damit auf sich hat, lässt sich an dem Beispiel der Begegnung mit Martha verstehen. Martha ist etwas kapriziös, betont die mehr auf der Seite des Bild-Wirkenden stehende Frage nach der weiblich-mütterlichen Identität, aber Jesus beharrt auf dem Wort-Wirkenden des Vater-Wesens, der Vater-Bildes, des Vater-Namens. Es gilt nur eins, sagt er in etwa zu Martha, das zusammengeführte Bild-Wort-Wirkende, das vor'bild'liche Vater-Wort, der vor'bild'liche Vater-Name, oder noch konkreter: die *Vater-Formel* in einem selbst.

Exakt diesen muss man in sich erfahren und hören. Jesus hebt, wie ich noch an vielen anderen Gesprächen mit den Frauen zeigen will, stets die Wichtigkeit und Vorbildlichkeit der Frau heraus, aber er will, dass sie auch das authentische Vater-Wort, die *Vater-Formel*, in sich hören, so wie er es selbst erfahren hat. An dieser Stelle spricht Jesus zwar vom Wort Gottes, selbst redet er jedoch stets vom Vater, diesem bedeutenden Namen, Ur-*Signifikanten*, oder mit welchen Begriffen soll man eine verbindliche Sprache zwischen Glauben und Wissenschaft, zwischen Theologie und Psychoanalyse finden? Von der Psychoanalyse her spricht man vom groß zu schreibenden *Anderen* in einem selbst, der sich durch Eltern, Lehrer, Vorgesetzte etc. in einem als Wesentliches verinnerlicht hat, als wesentliches *Strahlt / Spricht*, dessen psychoanalytische und religiöse Bedeutung ich auf den nächsten Seiten noch weiter erklären will, auszugehen. Nur selten bezeichnet sich Jesus als von Gott gesandt wie in Joh 8; 42, sondern spricht meist von sich als ‚Menschensohn', als Sohn des göttlichen Vaters, so wie der Psychoanalytiker – wenn diese Analogie erlaubt ist – sich als Sohn Freuds sehen kann.

Dass die *Signifikanten* bzw. deren Kombination, heilen können, kann man jedoch am besten in der Geschichte von Jesus und der Tochter des Jairus sehen, die in vielfältigem Zusammenhang mit der gerade erwähnten Martha steht.[2] Jairus ist Synagogenvorsteher und von daher sicher auch ein strenger, ultraorthodoxer Vater.

---

[2] Lukas 8, 40-56

Die Autorin F. Kiefer hat klar erkannt, dass dem zwölf-
jährigen Mädchen in einem derartigen Haus, bei solch
einem Familienoberhaupt und bei einer derartig rigiden
Erziehung eine starre Konventionalehe droht und sie
sich wohl deswegen in eine schwere affektive Störung
mit katatonischen Begleiterscheinungen und Lähmun-
gen hineinmanövriert hat.[3] Sie war also nicht verstor-
ben, wie die lärmende Menge um Jairus herum beklagte.
Die Jesus auslachenden Klageweiber, die sich schon
eingefunden hatten, musste Jesus erst aus dem Haus
werfen, denn für ihn war klar, dass die Tochter des Jairus nicht tot war.

In einer Katatonie ist die Muskulatur steif, wie erstarrt,
Lebensfunktionen scheinen nicht nachweisbar zu sein.
Solche Zustände sind selbst für den Arzt schwer zu erfassen, nur mit einer genauen Auskultation des Herzens
kann man ein Lebenszeichen feststellen. Die Menschen
damals haben solch eine Erkrankung nicht als psy-
chisch-nervlich bedingt erkannt, sondern an einen in
Totenstarre befindlichen Körper gedacht und nichts
Therapeutisches unternommen. Derartige Fälle sind
auch heute in Nervenkliniken nicht selten, aber Jesus
hatte damit wohl schon einige Erfahrungen gemacht.

Jedenfalls fasste Jesus das Mädchen an und sagte in
einem warmen, aber auch sehr resoluten Tonfall: „Talita
Kumi", was man mit „Ich sage dir, steh auf" übersetzt
hat, aber es könnte auch ein rätselhaftes vergleichbares

---

[3] Kiefer, I., Frauen auf dem Weg, B.- Laetare Verlag (1996)

Wort gewesen sein, vielleicht eher eine Segnungsmeta-
pher oder etwas anderes Ähnliches. Ein solcher, noch
dazu von einem jungen Mann in warmherzigem und
doch auch stringentem Ton gesprochener Satz konnte
natürlich eine ganz andere Wirkung gehabt haben, als
die hart-sterile, apodiktische Rede des Synagogendirek-
tors, der seine Familie nur herumkommandierte. Auch
zaghafte Unterweisungen hätten hier nichts genützt.

Schon vorher, beim Eintreten in das Haus des Jairus
hatte Jesus auf die positive *Übertragung* hingewiesen,
die Voraussetzung für die Heilung des Patienten ist. Der
Patient muss hinsichtlich der Qualität des Therapeuten
Phantasien haben, er muss fest glauben und positiv vertrauen. Erst danach, wenn die Leute alle ihre ‚freien
Assoziationen' beigetragen haben, indem sie durcheinander reden und sagen, dass das Mädchen schon ge-
storben ist und dass es gar keinen Sinn mehr macht einen Therapeuten zu holen, dass sie weinen und lachen,
wie es bei Lukas heißt,[4] kann Jesus dieses Deutungswort
sprechen: Ich kann dich nicht heilen, aber „du wirst
aufstehen können, wenn ich das Wort spreche", das
Losungswort, das Identitätswort, „Rivka". Denn es gibt
Autoren, die behaupten, dies sei der Name des Mädchens gewesen,[5] und die gehaltvolle (es heißt ausdrück-
lich, dass Jesus einen Ruf ausstößt), eventuell sogar
wiederholte Anrufung eines Eigennamens hat stets große Wirkung.

---

[4] Lk 8; 49-56
[5] Rudka, P., Jairus's Daughter: A Midrash, USA (2010)

Dies gilt speziell auch für die Psychoanalyse, wobei hier der Eigenename der noch unbewusste Name der eigenen Identität ist und nicht der üblicherweise bürgerliche Eigenname, der bewusst und sozial verankert ist. Auch die ersten Worte der Menschen waren Losungsworte, Identitätsworte, Bild-Wort-Wirkendes, das betont und wiederholt artikuliert worden war und wie ein Eigenname fungierte, indem er zumindest die Identität eines Clans oder einer Gruppe markierte. Der Eigenname als worthafter *Signifikant* (hier: Inhalt) erweckt ein Subjekt in Bezug auf den bildhaften *Signifikanten* (hier: segnend und stärkend gesprochen von einem bekannten Therapeuten), sagt Lacan. Das Subjekt ‚Frau' wird in dem Mädchen erweckt, das sich nun nicht mehr als ‚Objekt' der Ultraorthodoxie und der gesellschaftlichen Strenge erfahren muss, aber auch nicht des mädchenhaften Glitzers, sondern als Subjekt, als die in ihrer Subjektivität – vor allem durch den zölibatär lebenden Mann – anerkannte Frau.

Denn – so Lacan – es geht nicht um „d i e Frau, die es gar nicht gibt", sondern um das „An-sich der Frau", das kein ganz reales Wesen ist, aber auch kein Glitzer.[6] Sie ist etwas, das vom Trans her bestimmt sein kann wie im Fall des Synagogenvorstehers und seiner Apodiktik, und für das daher jede einzelne Frau die Bestimmung in sich selbst finden muss: "Die Frau ist der Buchstabe, der

---

[6] Dass es „die Frau" als universale, nicht gibt hat damit zu tun, dass sie nur als die jeweilig eine verstanden werden kann, während „der Mann" allen anderen gleich ist.

Signifikant, der keinen *Anderen* hat", meint Lacan. Na ja, versteht das jeder? Ich würde es so übersetzen: Die Frau muss sie selbst sein, gestützt durch ein programmatisches, quasi geistig-kulturelles ‚An-sich', also durch wenigstens Einen oder Eines, der oder das nicht dem phallischen *Signifikanten*, dem männlichen ‚Plaisir', unterstellt ist, sondern der ‚Jouissance', dem eigenen, dem Genießen des Körpers als solchem.

Rivka war nun nicht mehr pubertierende Göre, sondern beginnend Frau, deren ‚An-sich' Jesus verursacht hat. Von ihm wusste man, dass er wenigstens dieser Eine war, der zölibatär lebte und der ihr nicht den weltlichen Buchstaben der Macht aufdrückte, sonders sie den ihren finden ließ. Diesbezüglich spielte sicher auch eine Rolle, dass Johannes, Petrus und Jakobus von Jesus extra mit in die Wohnung genommen wurden. Die drei Jünger sollen weder für die Heilung sorgen, noch die Macht repräsentieren, sondern wie eine Gruppe ihr Gleichgesinnter die Vollwertigkeit und Reife der jungen Frau bezeugen. Ein Mädchen wird am wenigsten durch Entjungferung zur Frau, vielmehr ist wichtig, dass ihr gesellschaftlicher, ja übergeordneter Status von dessen Gremien konstatiert wird. Jesus mit all den würde – und weihevollen Jüngern stellen von sich aus ein Gremium konstatierend staatlicher und religiöser Instanz dar.

Rivka, Jairus Tochter, soll auch von zu starken Menstruationen blutarm gewesen sein, auch dies ein Hinweis auf ihre Mädchen-Frau-Mutter-Problematik. Und weil somit die psychoanalytische Deutung dieses Falles nicht so schwierig war, wenn sie auch durch die Katatonie eine heftige Aktion nötig machte, veranlasste Jesus, dass man von der therapeutischen Hilfe, die er erbracht hatte, nichts der Menge draußen erzählen sollte. So etwas hätte nur Gerede über dieses offiziell erscheinende Männergremium und stark idealisierende *Übertragungen* auf Jesus selbst ausgelöst, und das kann kein Therapeut gebrauchen. Denn dann wird man als Therapeut nur mehr und mehr bedrängt und kann sich vor Anfragen nicht mehr retten.

Mit solch einer Einstellung sind ja Jairus und dessen Frau schon laut lamentierend an Jesus herangetreten. Sie haben geweint und geschrien. Nach einiger Zeit zog Jesus Jairus' Tochter noch bei der Hand zu sich (eine Geste der Körpertherapie, wie sie in der klassischen Psychoanalyse zwar nicht gehandhabt wird, aber hier sicher äußerst geeignet war) und machte so die Therapie perfekt. Vielleicht hat er dabei auch mehrmals den Arm der jungen Frau gedrückt, eine wärmende Geste, die sie in der körperfeindlichen Familie noch nie erlebt hat. Egal, von der körpertherapeutischen wie von der psychoanalytischen Seite her war somit eine doppelte Wirkung anzunehmen.

Ja, Jesus versteht sich sogar noch auf einen Abschluss der Therapie, der bekanntlich in der Psychoanalyse immer etwas schwierig ist. Wie beendet man eine Psychoanalyse? Schließlich darf der Therapeut ja nicht von sich aus etwas tun oder anordnen. Er darf nichts beanspruchen oder wollen, auch nicht die Heilung, denn das wichtigste ist, die Initiative dem Patienten und in diesem Falle der Frau, speziell hinsichtlich ihres ‚An-sich‘ Seins zu überlassen. Doch was tun, wenn der Patient mit der Therapie nicht aufhören will? Das Ende der Therapie stellt sich nicht immer ‚natürlich‘ ein und so werden oft Versuche unterschiedlichster Art empfohlen, meistens ein extra dazu angesetztes Gespräch, in dem das Thema einfach direkt verhandelt wird. Jesus macht es jedenfalls sehr geschickt.

Er sagt, man solle dem Mädchen jetzt etwas zu essen geben, und so wurde von ihrer Mutter sicher eine große Tafel hergerichtet, an der alle sich zusammensetzten, um den Übergang ins normale Leben zu gestalten. Mag sein, dass diese Anweisung von Jesus ein bisschen verhaltenstherapeutisch klingt, aber bei seiner mehr aktiven analytischen Psychotherapie kann er sich einen Griff in die Trickkiste der Verhaltenstherapeuten leisten. Auch überwindet er so die orale Hemmung, eine Neigung zur Anorexie, zur Magersucht, denn Jairus Tochter hat sicher lange nichts mehr gegessen, so dass man sie auch aus diesem Grund für tot hielt. Auch kann Jesus nun nicht die Familie so erstaunt und weiterhin hilflos dastehen lassen, sie und die junge Frau brauchen einen Übergang ins weitere Leben.

Wenn nämlich in einer Psychoanalyse die Deutung zu ‚gesättigt‘ ausfällt, wenn sie also zu vorschnell und direkt gesagt wird: dein Problem ist nur dies und das, fertig, so mag das zwar sachlich richtig sein. Es erzeugt aber nur Widerstand beim Patienten, denn so einfach überrumpelt will er nicht werden. Man muss anfangs eher ‚ungesättigte' Deutungen geben, also nach der Kindheit fragen oder anderen scheinbar unwichtigen Dingen. Erst wenn Vertrauen aufgebaut ist, kann man loslegen. Doch Vertrauen war bei der Tochter des Jairus ja schon da, sie hatte von Jesus als Heiler bereits gehört, sie war schon im Zustand der positiv getönten *Übertragung*. Trotzdem geht Jesus anscheinend zu schnell vor, wenn er – ganz im Sinne der ‚gesättigten' Deutung – sagt: „Steh auf, du schläfst doch nur", tu doch nicht so als ob zu tot wärst. Genau dies klingt vorerst einmal nach Überrumplung.

Aber Jesus musste sie zuerst aus der Starre lösen, und dazu braucht es im Falle einer Katatonie harsche und laute Worte, oft auch ein Kneifen oder Rütteln. Wenn die üblichen Weckreize nicht helfen, gibt man heute bei der Katatonie in der Klinik auch beruhigende und kreislaufstabilisierende Injektionen. Doch durch die Berührungen eines so bekannten und jovialen Mannes reagiert Rivka überraschend schnell. Jetzt muss Jesus nur noch zu ergänzenden Behandlungsmethoden übergehen, und da ist ein kurzfristig angebotenes Essen, eine orale Befriedigung, die beste Möglichkeit. Also half Jesus ihr sich zu setzen und etwas zu sich zu nehmen.

Ob man Details der Hintergründe der Erkrankung wie etwa die von F. Kiefer angedeutete bevorstehende Zwangsverheiratung oder Ähnliches noch weiter besprochen hat, steht nicht im Neuen Testament. Aber man könnte es sich denken. Da sich die mitgekommenen Jünger und etliche andere Leute im Haus befanden, wurde sicher noch ein bisschen geredet. Bedeutsam ist wie schon gesagt sicher noch, dass Jesus betont darauf hinweist, man möge von dem ganzen Vorgehen und der Heilung des Mädchens niemanden etwas sagen. Wie der Psychoanalytiker will Jesus Neutralität und Abstinenz gewahrt wissen. Auch will er nicht noch mehr bekannt werden, hat er doch so schon genug zu tun.

2. Die blutflüssige Frau

Ich lege hier Jesus eine Sicht Lacans zugrunde, der stets auf die Feminisierung des Geschriebenen hingewiesen hat, dessen Inhalt zwar oft verdeckt ist, der Bezug zum Genießen als etwas Autochthonem, Weiblichem in einem Schrieb jedoch gestärkt wird. Es hat – so Lacan – nur das Geschriebene Sinn, „indem die Übermittlung eines Schriebs zu etwas in Beziehung steht, das für die Organisation jedweden Diskurses wesentlich und grundlegend ist, nämlich zur ‚Jouissance', zum (weiblichen) Genießen als solchem."[7] Das Schriftliche trägt also eine gewisse Feminisierung, Verweiblichung in sich, und auch deswegen ist die männliche Art zu genießen für sich alleine nicht ausreichend, um das wichtige Gefühl zu erreichen, das ich mit R. Rolland und der Jesus-Geschichte verbinde. In der Geschichte von der Heilung der neurotischen Frau mit dem Blutfluss sehen wir sofort diese „aktive", signifikante Form der ‚Jesus-Therapie', die zu Recht S*chreibung*, Schrift, im Neuen Testament ist.[8]

Die Frau nähert sich Jesus von rückwärts und berührt heimlich sein Gewand. Blutfluss, verstärkte oder lang anhaltende Monatsblutungen, war in damaligen Zeiten eine extrem von Mythen und Aberglauben beherrschte Krankheit. Die damalige Auffassung schon der norma-

---

[7] Lacan, J., Seminaire XVIII, Ed. seuil (2006) S. 130
[8] Mt 9,20-26; Mk 5,25-34

len Menstruation als „Unreinheit" ist jedem bekannt, erst recht, wenn diese Blutungen noch krankhaft gesteigert waren. Aber wir wissen auch heute, dass sich hinter diesen abergläubischen Vorstellungen von Verderben und Sünde zum großen Teil männliche Sexualphantasien verbergen, die projektiv umgedeutet die Frau als schmutziges, sündiges Wesen hinstellen. Die ganze Angelegenheit ist also libidinös, aggressiv, hoch aufgeladen. Die Frau leidet nicht nur unter einer Polymenorrhoe (verstärkter Menstrualblutung), sondern auch an Minderwertigkeitsgefühlen und Missachtung.

Es besteht aber eine ausgeprägte *Übertragung*, d. h. Aktualisierung, Aufladung und Verschiebung eigener Gefühle und Bedeutungen auf den *Anderen*, den Therapeuten (den *Anderen* mit großem A), der in diesem Fall eben von Jesus verkörpert wird. Die *Übertragung* ist einer der Hauptbegriffe der Psychoanalyse, und wie ich erwähnte, kommt sie speziell auch deswegen zustande, weil man dem Therapeuten ein Wissen unterstellt (das dieser in der unterstellten Form gar nicht hat). Die neurotische, 'blutflüssige Frau', hat Jesus vielleicht mehr eine Fähigkeit als ein Wissen unterstellt, doch es kommt auf das Gleiche hinaus, nämlich eine positive Gestimmtheit, die man auch *Übertragungsliebe* nennt. In dieser Situation jedoch behält Jesus die kühle Ruhe des Therapeuten und hat nicht die Ängste, er könnte von der erotischen *Übertragung*, von der distanzlosen Anmache, indem ihm die Frau gleich an den Rock fährt, irgendwie „angesteckt" und verunsichert werden.

Zudem weiß er natürlich auch, dass gerade sein asketisches, sein zölibatäres Leben, die *Übertragung* noch zusätzlich provoziert hat. Wer kennt nicht die Geschichten der aus London und New York anreisenden Mädchen, die auf der Khumba Mela von Hardwar die zölibatären indischen Gurus ‚testen' wollen – nicht selten, sogar meistens, mit Erfolg für die Verführerinnen! Vielleicht ist es diese, doch sehr angeheizte *Übertragung*, die anfangs verursacht, dass Jesus „spürt, wie eine Kraft von ihm weggeht!" [9] Er spürt die Gegenübertragung, also die Reaktion des Therapeuten auf die Übertragung des Patienten, d. h., dass er zwar annähernd spürt, was in der Frau vor sich geht, letztlich aber auch er noch ungeklärte Bilder, Gefühle, Reminiszenzen in sich hat.

Diese könnten ihn bei einer so direkten Begegnung mit Frauen berühren und in Bewegung geraten. Während Jesus also auf der einen, mehr imaginären Seite (Bild-Wirkendes, *Strahlt*) die *Übertragung* selbst verstärkt, ja geradezu herausfordert, ist auf der anderen, der mehr symbolischen Seite (Wort-Wirkendes, *Spricht*), das

---

[9] Unter *Übertragung* versteht man also in der Psychoanalyse die Aktualisierung und Verlagerung von Bildern, Gefühlen und Bedeutungen des Patienten auf den Analytiker, indem man diesem Wissen, Macht, Kompetenz, unterstellt. Gegen-*Übertragung* wiederum bezeichnet den umgekehrten Vorgang vom Analytiker auf den Patienten, indem dieser Empfindungen bei sich wahrnimmt, die sich auf die *Übertragung* des Patienten auf ihn beziehen, in diesem Fall also das scheinbare „Weggehen der Kraft".

Reden in der *Übertragung* noch nicht so komplex entwickelt, wie wir es heute in der Psychoanalyse handhaben. Dafür kann es aber dennoch intuitiv ausreichend
erfasst werden, so dass es im Endeffekt dem heutigen
wissenschaftlichen Vorgehen durchaus entspricht, ja
vielleicht sogar an Höhe voraushat.[10] Doch Jesus ist
noch verankert in der „Wahrnehmungsidentität",[11] mit
dem Vater der „Vorzeit" (wie Freud es nannte), dem
Vater-Namen, dem Vater des Wortes (wie Lacan es
bezeichnet) oder wie immer man Ihn auch nennen mag
(*Vater-Formel* ist mein Vorschlag dazu), und das gibt
ihm Kraft. Auch dies gehört zur Gegenübertragung,
wenn der Analytiker spürt, dass er noch keine passende
Deutung parat hat und eine Zeit lang unsicheren Gefühlen ausgeliefert ist, die ihm aber dennoch eine Sicher-
heitsüberbrückung geben, wenn er das Unangenehme
aushalten kann.

Vergleichen kann man diese Anfangssituation von Jesus
mit der ‚blutflüssigen Frau' mit dem Schicksal des modernen indischen Heiligen Ramakrishna, der, wenn eine
Frau ihn berührte, ausgeprägte Hautausschläge, also
direkt körperliche Symptome der Gegenübertragung,

---

[10] Der Psychoanalytiker muss sich als das Objekt der *Übertragung*, also auch als Objekt aller Wünsche und Bedeutungen
des Patienten sehen und darauf stets deutend reagieren
können.
[11] Man identifiziert sich noch sehr mit dem Unmittelbaren,
während der moderne Mensch sich mit dem Denken identifiziert, von Freud „Denkidentität" genannt.

bekam. Und Ramakrishna ist nun gewiss jemand, den man gut mit Jesus vergleichen kann, war doch sogar er es, der Jesus so verinnerlichte, dass für ihn Brahmanismus und Christentum völlig verschmolz. Die Therapie dieser mehr „aktiven" Therapeuten wie Jesus oder Ramakrishna fordert einen anderen aber doch mit der Psychoanalyse vergleichbaren Umgang heraus. Gerade dadurch kann man von beiden Vorgehensweisen lernen, was ich mit dem von mir entwickelten Verfahren der *Analytischen Psychokatharsis* in diesem Buch noch weiter demonstrieren will.

Nicht nur sind die Heiler früherer Zeiten viel stärker mit der Gegenübertragung konfrontiert, die Patienten – hier die ‚blutflüssige Frau' – machen ihnen auch viel ausgeprägtere *Übertragungs*-Angebote. So ist die ‚blutflüssige Frau' allein durch die Tatsache, dass sie einen so wichtigen Rabbiner wie Jesus einfach von hinten her anfasst, selbst bereits in exzessiver Verfassung. Sie ist in Angst-Lust zerrissen. Diesen exzessiven Gefühlszustand, diesen Beginn des großen, wichtigen Gefühl*s*,[12] will Jesus ihr auch gar nicht nehmen. Er lässt sie in dieser Anspannung, er antwortet, wie das ein richtiger Analytiker macht, nicht auf ihren Anspruch, sondern belässt sie erst einmal in dieser angespannten Haltung, die die innere Aufmerksamkeit erhöht.

---

[12] Ich gebe dem, was ich oben mit dem Begriff der ‚Jouissance', dem weiblichen Genießen anzudeuten versucht habe, hier einen allgemeinen Namen.

Jesus fragt: „Wer hat mich berührt?", worauf die Jünger vor lauter Angst, dass Jesus die Gegenübertragung nicht im Griff haben könnte, zu folgenden „freien Assoziationen" greifen und zu bagatellisieren versuchen: „Meister, du siehst doch wie die Leute dich umdrängen, da kommt es doch dauernd zu Berührungen".[13] Nun sind das wenig logische Interpretationen, doch all dies hört auch die Frau mit und es erhöht in ihr nur weiter das Hin und Her ihrer Gefühle. Es verstärkt ihre Regression,[14] aber auch den Willen zur Heilung. Jesus aber will, wie man das in einer richtigen Analyse macht, die *Übertragung* unbewusster Bedeutungen, die auf ihn gerichtet sind, in sicheren, in signifikanten Zeichen klären und auflösen. Er muss den *Übertragungs*-Anspruch auf den eigentlich zugrundeliegenden Antrieb (Trieb) zurückführen. Er lässt daher auch diese „freie Assoziation" der ihn Umgebenden erst einmal so stehen, denn dadurch kommt ein Dialog in Gang, den auch die Frau weiterhin mit anhören und verwerten kann.

Jesus sucht nach der Frau, er weiß, wie wichtig jetzt dieses Gefühl eines begonnenen Dialogs ist, auch wenn

---

[13] In der Psychoanalyse muss der Patient frei assoziieren, d. h. alles frei sagen, was ihm gerade in den Sinn kommt.

[14] Die Regression (Rückkehr) zu früheren oder elementareren Stufen des Seelischen ist ein wichtiger Bestandteil des psychoanalytischen Vorgehens. Aus der regressiven Haltung heraus verrät der Patient sehr viel mehr von sich, was der Therapeut dann zur Deutung verwenden kann. Er gewinnt aber auch Zugang zu eigenen Tiefenschichten.

es noch eine gewisse Verunsicherung und Irritation für die Frau gibt. Er muss dieses *Übertragungs-* und Gegenübertragungsgefühl eine Zeitlang in der Schwebe lassen, denn das ist schon die halbe Therapie, erzeugt schon *Signifikanz.* Er sucht zuerst mit Hilfe seiner Jünger, doch dann – nachdrücklich und offenkundig – die Frau mit seinem Blick. Wie R. Saunders bemerkt, ist der Blick eines Juden in die Augen einer „unreinen" Frau, evtl. einer Heidin, schon ein ausgesprochenes Sakrileg an sich.[15] Es gibt schon grundlegend eine gewisse Oszillation von Blicken und Angeblicktwerden, was zu einer Steigerung der Beziehung führt.

Aber Jesus hantiert damit, wenn auch nicht sofort. Umso mehr baut er ein *bedeutendes*, wenn auch anfangs noch schwankendes *Gefühl* auf, wenn er selbst zuerst einmal nur stetig ist, nach der Frau sucht und selbst ohne Anspruch, ohne eigenes Wollen bleibt. Erst dann lässt er seinen Blick fester und tiefer, ja geradezu „inständig" werden. Der Blick, der in der klassischen Psychoanalyse meist nicht genutzt wird, wird heute zunehmend bei komplexeren Störungen der Patienten eingesetzt, wenn auch sicher nicht in dieser „inständigen" Form.[16] Auch hier dient er dem Aufbau, manchmal auch der Anregung zu weiterem Reden.

Dieser tiefe Blick allein hat also, wie der „Darshan" des Gurus in Indien, auf die sozial untenstehende und miss-

---

[15] Saunders, R., Frauen im Neuen Testament, Primus (1999)
[16] König, K., Einzeltherapie außerhalb des klassischen Settings, Vandenhoeck & Rupprecht (1993) S. 70 – 72 und 88

achtete Frau aufbauende Wirkung. Denn es ist ein fester, zölibatärer Blick, und die Frau war nicht nur gesellschaftlich missachtet, sondern galt auch als sittlich verderbt. So jemanden bestätigend in die Augen zu schauen war schon eine kühne Intervention. Tatsächlich hat der Blutfluss in diesem Moment bereits aufgehört. Doch wäre dies bis dahin nur eine sogenannte *Übertragungs*-Heilung, d. h., von dem Augenblick an, wo, wie auch bei den modernen „Heilungen" durch eine Massen-Hypnose, der Therapeut weggeht, verschwindet auch die Heilung wieder. Diese Art der Heilung bleibt also abhängig von der Stimme oder der physischen Präsenz bzw. dem Blick des Therapeuten.[17]

Jesus belässt daher die Frau vorerst nochmals länger in dem *Übertragungs*-Geschehen und in der angstvollen „freien Assoziation" – egal, ob diese nun von den Jüngern kommt, von ihm selbst oder der Frau – bis die Dinge ihre eigene *Schreibung* bekommen. Der Ausdruck „Wer hat mein äußeres Gewand angerührt" – mit der Betonung auf „äußeres" – hat der Frau nämlich bereits klar gemacht, dass er sich nicht wirklich „innerlich" betroffen fühlt. Schließlich hat sie ja auch ständig vor sich hingemurmelt, dass sie n u r sein äußeres Gewand anfassen will. Sie glaubt an eine magisch-fetischistische Heilung, psychologisch steckt aber wohl

---

[17] In der Analyse ist es oft so, dass ein Symptom schon in, ja, sogar vor der ersten Sitzung beim Therapeuten verschwinden kann. Wirklich geheilt ist es aber erst, wenn die Bedeutungen geklärt und die *Übertragung* aufgelöst ist.

die soziale und religiöse Brisanz eines Berührungstabus dahinter.

Denn es gibt noch ein ,inneres Gewand', und das könnte die Haut sein, die mit dem Koenästhetischen, dem „inneren Sinn", der Spür- und Empfindsamkeit, in Verbindung steht.[18] Die Frühmenschen haben dieses Spiel mit der inneren und äußeren Haut und der damit verbundenen Hautlust noch gut gekannt. Heute sind wir so empfindungslos geworden, dass wir das Phänomen der Hautlust nur noch von dem Schauern, von dem Körperbild-Durchrieseln, her kennen, das einem bei einem bewegenden Musikstück den Rücken hinunterläuft. Auch die herkömmliche Psychoanalyse kann damit nichts anfangen, während das Verfahren der *Analytischen Psychokatharsis* in der ersten Übung darauf zurückgreift. In der Begegnung von Jesus mit der ,blutflüssigen Frau' steht dieses ,innere Gewand', dieser innere Schauer, konfliktverdrängend im Hintergrund. Doch Jesus wird damit eine Aufmunterung und eine Bestätigung der Frau als vollwertige Frau zu Tage bringen.

Betont nämlich ruft er aus: „Fasse Mut", greif nur zu, lass uns den ,inner touch' haben. All diese Worte und Assoziationen tragen dazu bei, das Unbewusste zu öffnen, die wichtigen Gefühl*e* frei in der Schwebe zu belassen, bis es schließlich so weit kommt, dass die Frau

---

[18] Heller-Roazen, D., The Inner Touch, Der innere Sinn, Archäologie eines Gefühls, fischer wissenschaft (2012).

„die ganze Wahrheit sagt", d. h. also, bis sie ihm von all dem berichtet, was sie glaubt, dass jetzt geschehen ist: dass sie weiß, dass er „unreine" Frauen zahlreich um sich schart, dass er ein besonderer Mann, ja ein Rabbi ist, der solche Frauen nicht gleich zurückstößt, und dass sie schließlich in ihm etwas finden wird, das nicht die übliche Mann / Frau-Beziehung darstellt. Im Gegenteil, dass er sie sogar noch ermuntert zuzugreifen, bedeutet, dass der „Komplex", den sie hat, durch körperliche Nähe, also durch Überwindung dieser Distanz-Schranke, durch den ‚inner touch', geheilt werden kann.

Genau dies zeigt Jesus durch eine offene Klärung dieser *Übertragungen* und auch der entsprechenden Gegen-*Übertragungen*.[19] Dann braucht er nämlich nur noch zu sagen: Nicht ich heile dich, denn ich bin kein Hypnotiseur, vielmehr ist es „dein Glaube, der dir geholfen hat". Die Deutung, die wir darin gefunden haben, dass Berührung zwischen Mann und Frau, selbst wenn sie sich fremd sind, selbst wenn die Frau Blutfluss hat, nicht schmutzig, unrein und verpönt ist, zeigt, dass es trotzdem nicht zu gesellschaftlichen, politischen und sexuellen Verwicklungen kommen muss.[20] Dass man

---

[19] Er besteht wohl darin, dass damals Berührungen in der Familie, so z. B. als Tochter dem Vater gegenüber, wie auch heute noch in manchen islamischen Kulturen, absolut verpönt waren und Weibliches nicht gelebt werden durfte.

[20] „Dein Glaube hat dir geholfen", heißt vor allem: Glaube an einen menschlichen Dialog und Glaube an ein wirkliches Verhältnis unter den beiden Geschlechtern. Wenn Lacan

mit einer zärtlichen Geste wieder auseinandergehen kann, diese Deutung hat dich geheilt, speziell auch deshalb, weil du sie annehmen konntest!

Die Frau hat den inständigen Blick in sich eindringen gefühlt und sich dann auch noch auf den analysierenden Dialog eingelassen. Damit ist erreicht worden, dass sie von magischen *Gefühlen*, ihr Unterleib gehöre nicht zu ihr, und vom Aberglauben, vom Denken, es ginge von Jesus eine „Energie" auf sie über (wie das moderne Esoteriker so gerne behaupten), geheilt ist. Und erst das ist wirkliche Heilung, weil Jesus hier alle festgelegten Zeichen, alle ,Punkt-Flecken', alle Pixel des imaginären *Signifikanten*, des *Strahlt*, vorerst einmal durcheinander bringt, um sie schließlich als wahre Wort-Zeichen (als verbale *Signifikanten*, als *Spricht*) mit den Zeichen der Schrift in Einklang zu bringen. Er bietet wie ein Therapeut eine *Schreibung* an, er hat all diese umständlichen,

---

sagt, „es gibt kein Geschlechtsverhältnis", so meint er ein sexuell-signifikantes, also ein echtes, potentes, wirkliches — eines von dem sich etwas öffentlich, ja wissenschaftlich aussagen ließe. Eben ein solches gibt es auch nicht zwischen einem extrem idealisierten Mann auf der einen und einer „unreinen" Frau auf der anderen Seite. Jesus löst dies zu einem wirklichen Verhältnis unter den Geschlechtern auf, indem er die Berührung zulässt, sie einem Dialog (der natürlich damals vielmehr „innerlich" abgelaufen ist, als ich es jetzt hier psychoanalytisch darstelle) unterzieht und in Form seiner Gegen-*Übertragung* die Deutung festigt: Ich habe auch diese libidinöse Kraft gespürt, lassen wir sie so, behalte sie als großes, wichtiges Gefühl, als Glaube!

magischen, verdrängt infantil-sexuellen Zeichen aus sich verbannt und durch eine gut funktionierende Kombinatorik von Bild- und Wort-Wirkendem, von *Spricht* und *Strahlt* ersetzt.

Damit bin ich wieder kurz zu Freud bzw. Lacan zurückgekehrt, denn für ihn waren die Triebe die Haupt-*Signifikanten*. Für S. Freud waren die Triebe das Primäre, und das Fühlen und Denken war nur der Umweg, den der Wunsch (insbesondere der unbewusste, und damit der Trieb) nimmt, um zur Erfüllung zu gelangen.[21] In dem Moment, wo diese beiden Grundtriebe in ihrer Zu- und Gegeneinanderstellung zu erfassen sind, sind sie wie *Signifikanten*. Sie sind nicht einfach durch eine Art von Realität verbunden, sondern durch ein Bedeutungsgeflecht, einen Bedeutungsknoten aus Realem, Imaginären und Symbolischen. Dies ist eine entscheidende Grundtatsache in der Psychoanalyse.

Mit der Verwendung des Blicks und einer bestimmten Weise zu sprechen hat also auch Jesus diese beiden *Signifikanten* genutzt. Denn der Blick des Rabbi Jesus in die Augen einer als inferior und lasziv geltenden Frau, aber auch der stete, gelassene, absolut gefestigte Blick, ist eine besondere, reife Form des *Strahlt*. Und so ist auch das analysierende Sprechen des Mannes Jesus nicht das eines Mannes im Sinne von schlichter Männlichkeit, eines herkömmlichen Mannes, sondern das

---

[21] Freud, S., Die Traumdeutung, Studienausgabe Fischer, Bd. II (1994) S. 540

eines bedeutenden Vaters, dem Wissen und Macht unterstellt wird und der über ein „volles Sprechen" verfügt, über ein bedeutendes *Spricht,* das wirklich etwas sagt und nicht nur wie bei den Gelehrten starre, an ein abgegrenztes Wissen fixierte Vokabeln von sich gibt. Auch wenn es damals noch keine Universitäten gab, die rigide Kombination des *Strahlt* und *Spricht* gab es sowohl im Bereich der Sadduzäer wie auch der Pharisäer.[22]

Auch andere Autoren haben die Geschichte der Frau mit dem Blutfluss schon so ähnlich gesehen. Bereits S. Kierkegaard meinte, dass Jesus „die heimliche [und das heißt doch die erotisch unbewusste!] Verbindung der Frau mit sich nicht zulassen will. Deshalb zieht er das Weib ans Licht . . . und will sich obendrein dem Urteil der Leute aussetzen".[23] Eine primäre Schau, Identifizierung, Vision, *Strahlt* – Freud würde sagen: Ur-Verdrängung[24] – verbindet Jesus mit der Frau und er setzt daher einen „aktiven", diesen nach der Frau su-

---

[22] Ich setze damit also die Grundtriebe (Schau- / Sprechtrieb) in ihrer Kombination der des *Strahlt / Spricht* gleich und betone auch deren Rigidität an den heutigen Universitäten.

[23] Kierkegaard, S., Tagebücher IV, S. 198

[24] Die Ur-Verdrängung nach Freud ist eine unbewusst psychophysische „Gegenbesetzung". Mit dieser behaftet treffen die Menschen spontan aufeinander, und daraus entwickeln sich psychische Abwehren und Einstellungen zu- bzw. gegeneinander. Für mich ist diese Ur-Verdrängung sehr mit dem *Strahlt* verwandt. Entsprechend bezeichne ich das *Spricht* auch als Ur-*Übertragung* (siehe später mehr).

chenden, „interessierten", ruhenden, inständigen Blick ein, der schon ein beginnendes Sprechen ist, eine Bestätigung des *Anderen.*

Nunmehr jedoch kommt gleichzeitig auch noch das volle, das analysierende Sprechen dazu, indem es auch ein öffentliches Sprechen für das Urteil der Leute ist. Damit gewinnt Jesus erst einmal für beide das wichtige Gefühl, die *Schreibung* der Dinge zurück, d. h. er kann sie der Frau als Deutung, als Interpretation ihres Wesens wiedergeben. Er wird wie ein moderner Psychoanalytiker zwar ihren Anspruch auf den Trieb zurückführen, aber er wird sich dazu speziell auf ihr Wesen, ihre Bestimmung als Frau beziehen und nicht so sehr auf infantile Strebungen (schließlich verhielt sich die Frau ja wie ein Kind, das einfach nach dem Rockzipfel der Mutter greift).

Auch E. Drewermann deutet die Krankheit der Frau als neurotisch, als „somatisierte Depression", als Ausbluten infolge einer Schuld- und Schamverstrickung der Frau in einer männlich dominierten Gesellschaft.[25] Als Gesellschaft, die die Schrift nur als „schrift" nimmt, also kleingeschrieben, kleinkariert. Jesus interpretiert die Schrift nicht so sehr nach allgemeinen oder wortwörtlichen, sondern nach *Signifikanten* Kriterien, d. h. mit „Macht", mit Stärke, also mit wirklicher *Potenz,* indem er die sexuelle Potenz in der Schwebe, in der

---

[25] Drewermann, E., Die Botschaft der Frauen, DTV (1997) S. 97-99

reinen Allegorie belässt.[26] So gibt auch der Psychoanalytiker genau nach Maßgabe der für das Problem geltenden *Signifikanten* und Schnittstellen in den Texten der Träume und Assoziationen seines Patienten eine Deutung, d. h. er benützt die „Macht" des Unbewussten des Patienten selber. Er nutzt das Wesen der *Signifikanten*, um den Text, die Schrift, in ihrer vollen Aussage wiederherzustellen, d. h. neu zu schreiben.[27] Ich werde später noch zeigen, worin Jesus ein Vorläufer genau dieser modernen Psychotherapie ist, und warum eben hier das wichtige Gefühl seine Grundlage hat, seinen Text, seine *Schreibung*. Und es wird sich daraus ein wissenschaftliches Verfahren entwickeln lassen, wie jeder seine eigene Psychoanalyse machen, seinen eigenen Glauben erlernen kann, indem er seine eigene Schrift schreiben lernt.

---

[26] Markus 1,22

[27] „Das Unbewusste ist das Kapitel meiner Geschichte, das weiß geblieben ist oder besetzt gehalten wird von einer Lüge", Lacan, J., Schriften I, Walter (1980) S. 98. Es ist also eine Schrift, deren Schnittstellen verschoben sind.

3. Die kanaanäische Frau

Das Wort-Wirkende ist also etwas, das das Sein in den Schatten stellt und dafür aber – sozusagen auf der anderen Seite – das Symbol, das *Zeichen*, den eigentlichen Namen auferstehen lässt, in dem auch das Bild-Wirkende berücksichtigt ist und so das menschliche Subjekt seine Anerkennung im Ganzen finden kann. Für das Subjekt Mensch ist nicht das Sein allein wichtig, sondern die Bestätigung, die Anerkennung, die Würdigung seiner selbst. Das Wort-Wirkende, der symbolische *Signifikant* hat etwas von einem Es *Verlautet*, einem Es *Spricht* an sich, auch wenn man nicht gleich weiß, wer oder was hier verlautet oder spricht. Man fühlt sich wieder an so etwas wie ein Gerücht erinnert.

Im Gerücht wohnt ein *Spricht*, sagt aber nicht ganz genau, was gemeint ist. Der symbolische *Signifikant* steht so auch einer Verkündigung nahe, ohne dass man weiß in welchem Namen und Rahmen etwas verkündet wird. Es geht einfach um Freuds Begriff des Es, das man sich als Frage vorstellen muss, Es, das Subjekt? Ist Es?[28] Ja, Es ist, ,Ex-Sist (ex, von außerhalb, sistiert, beharrt es)'. Um eine namentliche und gültige Verkündigung zu haben, muss diese Frage sich jedoch einem Verfahren stellen, in dem die Kombination der *Signifikanten* eine fassbare, hörbare Form annehmen. „Gott",

---

[28] Psychoanalytisch gilt das Es auch als etwas Innerpsychisches, das die Mutter als inneren Zwiespalt enthält (Lacan, J., Seminaire. VI, S. 445.

sagt der katholische Religionsphilosoph R. Spaemann daher, „ist ein unsterbliches Gerücht". Auch er gibt somit dem Wort-Wirkenden eine klare Verwendung.

Bei der ‚kanaanäischen Frau' wird wieder recht deutlich dargestellt, was Freud mit der Übertragungsliebe meinte und wie Jesus sie verwendete.[29] Nochmals will ich betonen, dass man positive *Übertragung* jenes Vertrauen nennt, das man dem Analytiker entgegenbringt, und in dem man ihm ein Wissen unterstellt. Genau dies trifft auch auf viele Menschen zu, die Jesus gegenübertraten. Die ‚kanaanäische Frau' läuft ständig hinter Jesus her und schreit, Jesus möge ihre Tochter vom Dämon befreien, kurz: sie gebärdet sich hysterisch, und er möge sie doch dringend in Therapie nehmen. Aber Jesus behält wieder zuerst die kühle Distanz des Psychoanalytikers, er tut so, als gehe ihn das nichts an, er begibt sich in die ‚formale Unwissenheit' des Therapeuten.

Der Therapeut ist nicht wirklich unwissend, und er stellt sich auch nicht künstlich unwissend, wie etwa Sokrates dies noch getan hat, sondern er begibt sich tatsächlich in ein so elementares, vertieftes Zuhören, dass er rein strukturell, formal, eine Unwissenheit präsentiert, die zuerst einmal nötig ist, um unbeeinflusst das Material der freien Assoziationen des Patienten sich aufbauen und formieren zu lassen. Der Therapeut muss neutral und abstinent bleiben, darf nichts von sich in die Behandlung einbringen. Er weiß nur eines, dass alles Ver-

---

[29] Mt 15. 21-28; Mk 7, 24-30

drängte einen erotisch-aggressiven Hintergrund hat, und dass er somit auf den Moment warten muss, in dem der Patient in die Falle dieses Hintergrundes gerät. Denn dann kann er deuten und das spezifisch Verdrängte des Patienten interpretieren.

Auch in der Geschichte von der ‚kanaanäischen Frau‘ bieten die Jünger wieder „freie Assoziationen" an, indem sie lamentieren: „Hilf ihr doch, sie schreit dauernd hinter uns her!" Dadurch bereits, dass sich dieser Zwischenmoment eines Verständnisses, eines zwar etwas dramatischen, aber doch positiven Elementes, für die Frau herstellt, tritt schon eine Phase nutzbarer *Übertragung* ein. Hätte sich Jesus ihr gleich zugewandt, dann hätte er sie nur in dem magischen, falschen Gefühl bestärkt, ein mystischer Wunderheiler zu sein. So tritt erst einmal eine Verständnis-Pause ein. Erneut sind es die Frau und die Jünger zugleich, die mit ihrem Lamentieren und Reden die „freien Assoziationen" beitragen.

Auch in diesem Fall hat die Frau die Bemerkungen der Jünger wieder gehört und daraus entnommen, dass Jesus nur etwas zu sagen braucht, um alles zu regeln. Erst danach nämlich sagt Jesus verschmitzt: „Ich bin nur für die verlorenen Schafe des Hauses Israel da", ich kann nicht jeden in Therapie nehmen! Ich bin von den jüdischen Patienten ausgebucht. Wieder verlängert sich also die Pause und es entsteht ein ganz menschliches Gespräch. Die Frau merkt, sie hat es nicht mit einem Guru zu tun, mit einem magischen Heiler, der nur die Hand auflegt, sondern mit einem menschlichen Therapeuten, der ihren Anspruch analysieren wird und ihn als gesellschaftliches Problem in Zusammenhang mit ihrem inneren Konflikt stellen kann. Das verstärkt ihre positive Einstellung.

Sie fällt vor ihm nieder, sie macht also das, was sonst das therapeutische Setting erledigt, sie „geht" – wie Lacan es ausdrückt – „erst einmal zu Boden, d. h. auf die psychoanalytische Couch", sie regrediert. Wenn die Regression ausreichend ist, ist die Zeit der Deutung da. Es gibt (auch heute noch) das *Strahlt* des Blutes, der Gene, des Seins einfacher *Signifikanten*, dem sich das *Spricht* des „Ich bin Israeli", „Ich bin Grieche" etc. gegenüberstellt, also einer imaginären und einer gesprochenen Identität (eine Betonung der national oder religiös unterschiedlichen Affektbezogenheit). Die Frau war Griechin, und Jesus wendet ihr jetzt seinen Blick zu und sagt wieder in freier Offenheit: „Es ist doch nicht recht, das Brot der Kinder" – gemeint sind die Israelis – „zu nehmen, und es den jungen Hunden" – gemeint sind die Griechen – „vorzuwerfen!"

Aber die Frau hat an seinem Blick gesehen, dass Jesus nicht wirklich so – fast müsste man ja sagen – rassistisch denkt. Der volle, tiefe Blick in die Augen einer griechischen Kanaaniterin ist erneut wieder eine mutige Tat, eine Kühnheit! Diese Kanaaniterinnen galten bei den hebräischen Männern als sexuell besonders verführerisch, in ihren Tempeln gab es Prostituierte, erotische Götzenkulte, die den Trieb und die eigene Triebangst schürten. Solche Frauen wurden verfolgt und gefürchtet. Die ‚kanaanäische, griechische Frau', musste sich schon allein durch den Blick sofort angenommen und gestärkt wissen. Vielleicht spielte auch ein Lächeln in Jesu Mundwinkeln eine Rolle.

Zudem ist es wieder ein „aktiver", inständiger Blick. Jesus lässt durchaus positive, zärtliche Liebesgefühle in sich hochkommen, denn er muss keine Angst haben, dass ihn deswegen ein sexuelles Begehren zu diesen als lasziv geltenden Frauen übermannt. Wenn Freud den Blick aus der Analyse verbannt hat, so deswegen, weil er „nicht angestarrt" werden wollte, aber auch weil er sich seines Blickes selbst nicht sicher war. Im Blickkontakt sollten sich nicht unbewusste Austauschprozesse vollziehen, die nicht gleichzeitig klar analysiert wären. Was aber für den Pionier der Analyse rechtens und richtig war, war damals anders und könnte man auch heute anders handhaben. Man müsste nur von Jesus lernen. Auch diesbezüglich wird wiederum mein Verfahren der *Analytischen Psychokatharsis* einen anderen Umgang mit dem Blick ermöglichen.

Auch der indische Psychoanalytiker S. Kakar hat versucht, von der „identitätsstiftenden Kraft des erkennenden Blicks" zu sprechen,[30] womit wiederum der aktive, ‚inständige' Blick gemeint ist. Aber wie sollte man dies in wirklich konkrete psychoanalytische Wissenschaft übersetzen? Kakar gibt keine Details dazu bekannt. Der Blick des Analytikers wird in der klassischen Analyse

---

[30] Kakar, S., Der Heilige und die Verrückte, Beck (1993) S. 258

also entsprechend Freuds Devise meist peinlichst ver-
mieden. Mit einem Blick, der sozusagen die *Übertragungsliebe* in eine günstige, tragbare Form überführen
könnte, kann man sich zumindest vorerst nicht vorstellen, analytisch zu arbeiten. Wir haben bei Jesus gesehen, dass er offensichtlich durch sein Zölibat den Blick
viel konkreter, konstanter in das Heilsgespräch einbringen kann. Doch war dies damals etwas anderes als heute. Warum arbeiten die heutigen Priester nicht mit diesem Blick, könnte man fragen? Sie leben doch auch
zölibatär? Oder nicht?

Unsere Priester leben heute viel zu sehr in einem kon-
servativ-rituellen Verbund, ihr Zölibat ist traditionell
und löchrig, institutionell, vereinsamt. Drewermann
spricht sogar vom „Funktionärszynismus" in der christlichen Askese.[31] Nicht nur können die heutigen Priester
mit dem „inständigen, luziden, zölibatären Blick" nicht
umgehen, sie haben auch keine psychoanalytische Aus-
bildung, und so fehlt ihnen nicht nur der gefestigte
Blick, sondern auch das ‚volle Sprechen'.[32] Was Kakar
also vorschwebt wäre der absolute *Andere*, der/das *Andere,* der sowohl das *Spricht* als auch das *Strahlt* reprä-

---

[31] Drewermann, E., Die Kleriker, DTV (1992) S. 235
[32] Lacan unterscheidet das leere Sprechen vom ‚vollen Sprechen'. Das alltägliche Geplauder, auch die freie Assoziation,
das Fachsimpeln der Männer oder das sich bis zum Geht-
nicht-mehr Verstehen der Freundinnen, stellt Lacan dem
‚vollen Sprechen' gegenüber, indem der Patient v o n sich
aber auch z u m Andern, zum Analytiker spricht.

sentiert, indem er *volles Sprechen* und *Blick-Konstanz* („identitätsstiftenden Blick") in einem hat, in enger Verbindung, in aktiver Psychoanalyse. Ich will also noch im Anhang zeigen, dass genau dies in dem von mir inaugurierten Verfahren der *Analytischen Psychokatharsis* zustande kommt.

Die ‚kanaanäische Frau' hat nunmehr den Wink mit den Hunden sogleich verstanden. Die richtigste Deutung bewirkt nichts, wenn sie nicht so gemacht ist, dass der Patient sie auch als die seine, die in seinem Sinne gemachte, verstehen und anerkennen kann, und genau dies ist hier durch den „identitätsstiftenden Blick", durch die *Blick-Konstanz* und ganz besonders auch durch die Anspielung auf die Hunde der Fall. Sie entgegnet nämlich gewitzt: „Doch Herr, denn es sind doch die jungen Hunde, die unter dem Tisch von den Brosamen der Herren fressen" (das Beispiel, dass du gewählt hast, sagt doch gerade, dass es die Außenstehenden, die Nicht-Privilegierten, die Griechen und die kanaanitischen Frauen sind, die gelehrig die geistigen Brosamen der Juden, der Israelis, des „großen Mannes" oder Rabbiners aufnehmen.

Spricht doch ein Großteil deiner Jünger griechisch (und es wird ja das Neue Testament eines Tages in Griechisch geschrieben werden)! Ich habe deinen therapeutischen Wink verstanden, mit dem du zuerst so getan hast, als seist du nur für deine engsten Anhänger da! Jetzt habe ich verstanden, jetzt hat es in mir *Gestrahlt*, dass dein *Spricht* bedeutet, dass du für die da bist, die

die Brosamen aufnehmen, während die pharisäischen oder sadduzäischen Juden nur an einer uralten, verhärteten Weise des Es *Strahlt / Spricht* festhalten. Nicht nur hat der Blick die *Liebe* entfacht, auch das Gespräch hat die Wahrheit erkennen lassen: Hier spricht ein wirklicher *Jude* sich gegen die Pseudo-Juden aus! Hier spricht ein Therapeut und nicht der Mann! Hier demonstriert und spricht einer, der weder Rassist noch Nationalist ist.

Dies ist also nicht nur ein politisches Gespräch um die Probleme von Volksgruppen. Darum hat sich Jesus nie besonders gekümmert. Es ist zudem und trotz allem – wenn auch nur scheinbar – ein Gespräch zwischen einem Mann und einer Frau! Das gibt dem Ganzen auch eine libidinöse Dimension, ein zweites *Strahlt / Spricht*, das sich dem ersten überlagert. „Ich liege doch schon vor dir, du hast mich doch schon zu Boden gebracht, mächtiger Mann, unter den Tisch wie die jungen Hunde! Ich liege doch schon hilflos auf der therapeutischen Couch. Und du bist doch ein über den Griechen, Israelis und anderen Volksgruppen stehender und noch dazu bekannter Rabbi, ein *Strahlt*-Mann.

Wenn du mich mit deinem vollen Blick erfasst, mir ruhig in die Augen blickst und vom Boden aufhebst, werde ich doppelt anerkannt sein, als Griechin und als Frau! Wenn ich anerkannt bin, wird meine Tochter den Dämon nicht mehr brauchen. Der Dämon kommt doch nur daher, dass man uns Griechen schmäht und dazu noch, dass ich als Frau alleine nichts ausrichten kann bei meiner Tochter. Was kann eine Alleinerziehende für eine Tochter schon tun! Da muss ein stattlicher Mann, einer aus dem Hause Israels her'! Und einer, der selbst einer femme fatal tief in die Augen sehen kann, der einen potenten Blick hat! Dessen Blick nicht flackert, nur weil sich in den Umrissen der Frau die männliche Sexualität spiegelt oder weil es sich um eine Frau aus der Unterschicht, aus der Unter-Rasse, handelt und lauter Zeugen um die Szene herumstehen!

Jesus nimmt sie an, ohne jetzt für diesen Dienst von ihr irgendwelche Gefügigkeiten zu erwarten. Sie hat ja verstanden, um was es geht, nämlich dass zwischen Mann und Frau, Kindern und Hunden, Israelis und Griechen keine Differenz in der Wertung besteht. Sie hat sich ja die Deutung selbst gegeben, damit hat sie erkannt, dass sie selbst fähig ist, das Problem zu lösen. Und vor allem muss sie auch erkannt haben, dass es sich hier um ein doppeltes Es *Strahlt / Spricht* gehandelt hat (auch wenn sie dies natürlich niemals in dieser Form in heutigen intellektuellen Sinn gedacht hat), dass dieser Mann keinen Kastrationskomplex hat und doch nicht gleich in eine derartige sexuelle Erregung gerät, die nicht mehr zu verbergen wäre. Kurz: dass er das S*pricht / Strahlt* auch weitergeben kann, es samt dem *Formel-Wort* im Besitz hat,[33] das wir noch finden müs-

---

[33] Bei Jesus könnten wir davon ausgehen, dass wir es besser eine Bild-Wirkendes nennen müssten, d. h. er hat ähnlich wie ein Yogi eine Formel für sein eigenes Körperbild, für das, wie er seinen Körper umfassend empfindet. Im Yoga nennt man dies bhandas und mudras. Wir würden vielleicht heutzutage

sen. Schließlich hat er ja später gesagt, dass man „in seinem Namen" bitten und heilen kann, und was sollte in diesem Zusammenhang „sein Name" sein, wenn nicht etwas Bild-Wort-Wirkendes, Formelartiges.

Auch Drewermann interpretiert diese Geschichte ähnlich,[34] nämlich dass die Frau mit ihrer Tochter alleine lebt und mit ihr in einer krankhaften Symbiose gefangen ist. Der Dämon ist nichts anderes als das Fehlen einer vor Liebe knisternden Ehebeziehung der Eltern, in der das Kind spannungsvoll einbezogen wäre, gleichzeitig aber auch diese kribbelnde Harmonie erleben und sich mit der weiblichen Rolle positiv identifizieren könnte. Nur glaubt Drewermann selbst ausschließlich an eine übernatürliche göttliche Heilung und sieht nicht, dass Jesus hier durchaus als Psycho- und auch als Soziotherapeut wirkt. Er ordnet politische Verhältnisse neu, aber auch persönliche, psycho-sexuelle.

„Wegen dieses Wortes", sagt Jesus zur Frau, „geh hin". Dieses *Wort* ist etwas, das das *Strahlt / Spricht* noch zusätzlich auf der Ebene des Symbolischen schlechthin,

---

über neurophysiologische Modelle und über die Körperbesetzung früher Libido-Strukturen zu ähnlichen Formeln kommen. Siehe z. B. Henningsen, P., Vom Gehirn lernen, Forum der Psychoanalyse, Nr.2 (2000) S. 99-115. Den Begriff *Formel-Wort* verwende ich allerdings speziell für das vom mir inaugurierte Verfahren *der Analytischen Psychokatharsis* (siehe Anhang).

[34] Drewermann, E., Die Botschaft der Frauen, DTV (1997) S. 119 -121

also als profunde Metapher, als *Übertragungs*-Formel, ja, wie ich es noch genauer bezeichnen werde, als *Formel-Wort* und *Pass-Wort* verbindet. Es ist nicht nur Deutung und Vergebung, es beinhaltet auch die Möglichkeit, seine eigene libidinöse, soziale und politische Geschichte neu zu schreiben. Es verdichtet nämlich mehrere Bedeutungen (politisch-rassische und persönlich-sexuelle) in einer. Was die Frau braucht, ist ja, dass sich das Begehren nach *Anerkennung* (als Griechin, die den Israelis gleichgestellt ist) in der Anerkennung des *Begehrens* (z. B. ihr Wunsch nach einer harmonischen Familie) kreuzt.

Es geht ihr also um die Bestätigung als weibliches Wesen (als Mädchen, als Frau und als Mutter) verbunden mit der Anerkennung des Begehrens (als Frau-Subjekt, als Frau eines väterlich potenten Mannes, als dominante Frau in der Familie). Eben diese Verdichtung, *Übertragungs*-Formel, liefert ihr Jesus durch den mehrschrittigen Vorgang eines oszillierenden Dialogs,[35] der der Frau schließlich ermöglicht, ihr Begehren im *Anderen* selbst als *Anerkennung* (und umgekehrt) vertreten zu sehen. Es handelt sich also nicht um eine einfache Entsprechung auf der Ebene der Mitteilung, der Information oder der Kommunikation, sondern auf derjenigen Ebene, wo „das Begehren insofern Begehren ist, als sein Stützbild das Äquivalent zum Begehren des *Ande*-

---

[35] Eine Oszillation zwischen Grieche/Israeli, Hunde / Kinder, Mann / Frau.

ren ist",[36] wo man also spürt, dass eine wirkliche, gegenseitig sich offen preisgebende, sinnlich-sinnenhafte, Begegnung stattfindet, deren Sinn gerade in einer Art der Versagung und Vergebung liegt, wie es auch in der Psychoanalyse der Fall ist.[37]

Irgendetwas in der *Übertragungsliebe* also zu erhalten, sie nicht nur aufzulösen, könnte ein Fortschritt sein, wie auch Lacan bemerkt.[38] Dies heißt, die Erinnerung an eine solch große Begegnung in der Schwebe zu belassen. Es wurde etwas Hohes bewahrt, das man damals göttlich nannte. Allerdings gab es – wie schon angedeutet – mit diesem *Göttlichen* in der Zeit Jesu auch Probleme: entweder war es nur in den kleinen Dingen zu haben oder es war zu hoch gesetzt, zu anmaßend. Ein solcher Therapeut, der mit den Göttlichen zu sehr reüssierte, musste mit dem Kreuzestod rechnen. Wir müssen Freud und Jesus vorerst also weiterhin in ihrem jeweiligen umfassenden Kontext betrachten, um beiden nicht nur besser gerecht zu werden, sondern auch noch einen dritten Weg der Psychotherapie zu finden (den mit den *Formel-* und *Pass-Worten*), in dem die *Übertragungsliebe* einen anderen Wert bekommt. Es wird den Wert einer übergeordneten, den einer – so könnte ich fast sagen – Psychoanalyse ‚andersherum' bekommen, in

---

[36] Lacan, J., L'angoisse, Seminaire Nr. 10, Sitzung vom 21. 11. 62

[37] Kuhl, W., Forum der Psychoanalyse Nr. 3 (1999) S. 282

[38] Silvestre, M., in Riss, Zeitschrift für Psychoanalyse, Nr. 41 / 42 (1998)

der ein Rest der *Übertragungsliebe* eine besondere Festigkeit erfährt.[39]

In seinem Buch ‚Jesus und Ödipus' versucht G. Vinnai Freud und Jesus als konträre Gestalten darzustellen.[40] Jesus ist dem *Strahlt* sehr zugetan, und sein *Spricht* gerät ihm daher zur stark apodiktisch und narzisstisch geprägten Metapher. Das brachte ihm die Feindschaft der Sadduzäer und anderer jüdischer Gruppen ein. Freud dagegen verdrängt nach Meinung des Autors zu sehr seine *Vater*-Sehnsucht, die Sehnsucht nach einem großen, vereinheitlichten väterlichen *Strahlt / Spricht* und so riskierte er, dass seine Bewegung nicht diejenige wurde, die den großen Religionen zu schaffen machen würde. Im Gegenteil, die Psychoanalyse heute kehrt immer mehr zur akademischen Psychologie zurück. Ich will jedoch nur klarstellen, dass wir bei der Art, wie Jesus heilte, nicht an totale Wunder glauben müssen.

Ödipus ist der Königssohn, der daran scheitert, dass schon alle seine Vorfahren, die Labdakiden, an einem Inzest-Komplex litten und auch seine Tochter Antigone noch diesen Komplex geerbt hat (sie liebte zu sehr, zu libidinös, ihren Bruder). Freud verbindet diese Fixierung und Aussichtslosigkeit mit dem Konzept des To-

---

[39] Wie ich noch zeigen will, haben die *Formel-Worte* keinen fertigen Sinn, meditiert ermöglichen sie jedoch einen solchen aus dem Unbewussten, wo sie in Form der *Pass-Worte* (Identitätsworte) zu Tage kommen. Zwischen beiden bleibt die positive *Übertragung* in schwacher, gelöster Form bestehen.
[40] Vinnai, G., Jesus und Ödipus, Fischer (1999)

destriebs, was dem Ganzen eine pessimistische Grundlage gab. Jesus akzeptiert sich als Königssohn, wenn auch einer ohne Land und ohne leibliche Vorfahren, sondern als Krönung seines Selbst, doch deswegen kann er dem Tod die Stirn bieten, auch wenn er sich zu allerletzt als vom Vatergott verlassen fühlte.

Um aber dem Negativen (Starrheit, Dogmatik, zwanghafte Ritualisierung, Fixierung auf den Mythos der Bibel etc.) der Religion auszukommen, versuche ich zu zeigen, dass Jesus nach modern zu fassenden therapeutischen Methoden vorgeht, freilich ohne das Reglement der Psychoanalyse zu gebrauchen, die inzwischen wie gesagt genauso in Scholastik zurückgefallen ist. Vielmehr will ich aus mehr gemischten, intellektuell-intuitiven Zugängen heraus therapeutisches Handeln beschreiben, das das Gestern und das Heute verbinden kann. Wenn ich zeigen kann, wie auch aus der Sicht der Psychoanalyse die Heilungen von damals von statten gegangen sind, gewinnen wir nicht nur einen viel lebendigeren und für uns heute auch besser einschätzbaren, verstehbaren Jesus. Wir gewinnen zudem für eine eigene Therapie, die aus einem Rückgriff in Jesu Vorgehen besteht, wichtige Grundlagen. Dem widerspricht nicht, dass man Jesus eine göttliche Natur zuschreiben kann. Wichtig ist nur, dass beide Vorgehensweisen zwar unterschiedliche Gewichtungen haben, aber auf den gleichen therapeutischen Nenner gebracht werden können.

4. Die Heilung der gekrümmten Frau

Nirgendwo im Neuen Testament kann man besser sehen, wie Jesus seine therapeutischen Erfolge kreiert als bei der Heilung der ‚gekrümmten Frau'.[41] Er traf sie in der Synagoge am Boden liegend vor. Es hieß, dass sie achtzehn Jahre lang von ‚einem Geist der Schwäche' niedergedrückt und damit oft auch unfähig gewesen sei, selbstständig aufzustehen. Einige Kommentatoren meinten, es habe sich um ein Rückenleiden gehandelt, das damals wie heute zu den häufigsten Leiden des Menschen gehört. Heute geht man zum Kieser-Training oder zum Chirotherapeuten, denn dieses Symptom hat meistens keine organische Ursache. Entweder ist Über- oder Fehlbelastung der Grund, oder es gibt psychosomatische Erklärungsmuster, um die Krankheit von organischen Grundlagen abzugrenzen, die – wie etwa eine Arthrose – einfacher zu verstehen und einzuordnen sind

Arthrotische Vorgänge dürften bei der ‚gekrümmten Frau' wohl nicht vorgelegen haben, denn wenn sie das Leiden – wie es heißt – schon achtzehn Jahre lang hat, muss es ja bereits in jungen Jahren begonnen haben, und da existiert noch kein Wirbelsäulenleiden wie eine Spondylarthrose. Nun führt das Wort ‚gekrümmt' oder ‚verkrümmt' wohl hauptsächlich zu einer psychogenetischen Diagnose, nämlich einer somatoformen oder psychosomatischen Schmerzstörung. Dann aber ist die Frau

---

[41] Lk 13, 10-17

nicht von einem Rückenleiden gekrümmt, sondern – wie ich schon eingangs sagte – eher von etwas niedergedrückt, von einem Trauma, einer psychischen Verletzung, einer Ausgrenzung, Bestrafung durch Missachtung, Verleumdung und Diskriminierung. All dies hat schließlich dazu geführt, dass sie in einer Wirbelsäulenverkrümmung verharrt, eingeschlossen in sich, versperrt, vergessen.

Sie gibt unbewusst ihrer Gekrümmtheit, Getroffenheit und Niedergeschlagenheit Ausdruck, will vielleicht auch durch das verwinkelte am Boden liegen auf die Schwere ihres Leidens aufmerksam machen. So fixiert und chronifiziert sich das Leiden mehr und mehr. Fachlich würde man also von einer somatoformen Schmerzstörung sprechen (unbewusst Psychisches drückt sich körperlich aus). Zudem spricht alles dafür, dass sie niemanden hat, der sich um sie kümmert, niemand, dem sie ihr Leiden klagen kann, niemand, wo sie wenigstens ein bisschen dazugehört. Denn so sucht sie die Synagoge auf, wo damals auf hinteren Rängen Plätze für Frauen reserviert waren, die auch außerhalb der religiösen Veranstaltungen und Messen von ihnen benutzt werden konnten.

Wie im Asklepios Tempel zu Kos, wo man auch über Nacht verweilte und liegen blieb, um vom Gott Asklepios selbst geheilt zu werden, suchten auch im alten Israel die Menschen die Synagoge zum Heilschlaf auf. Selbst in Mitteleuropa bieten die Kirchen auch heute noch den Kirchenschlaf an, weil man hofft, dass Gott dort gegenwärtiger ist als draußen im sündhaften Leben der Großstadt. Bei all diesen Formen mystischer Heilung erscheint der Gott im Traum und berührt den Kranken mit seinem Äskulapstab oder mit den Händen. In den meisten Fällen müssen aber noch die Priester am Morgen eine Interpretation der Träume oder der nächtlichen Erinnerungen geben, um dem Heilungsvorgang zu fördern oder ihm gar richtig nachzuhelfen.

So ein Ort ist für Jesus nun kein so schwieriges Terrain. Wenn es auch nicht gerade um ein leichtes Spiel für ihn geht, so ist die Psychogenese der Krankheit bei der ‚gekrümmten Frau' doch naheliegend. Freilich sind achtzehn Jahre eine lange Zeit, und so wird Jesus nicht nur und sofort gesagt haben: „Du bist frei von deiner Krankheit" wie es im Originaltext bei Lukas 13,10-17 zu lesen ist. Vielleicht hat er schon vorher etwas zu ihr gesagt. Zudem hat er ihr ja die Hände aufgelegt, sie berührt und gedrückt, was außergewöhnlich war und was er typischerweise nie bei den sogenannten Besessenen tat, die ja sein häufigstes Klientel darstellten. Die Besessenen, die Psychotiker oder Borderline-Fälle hätten nämlich eine Berührung missverstanden, aber die psychosomatisch-somatoform Kranke konnte davon sofort profitieren. Sie hatte schon oft gesehen, wie man die von sogenannten Dämonen ergriffenen in Gespräche und Beratungen einbezog, sie aber auch anschrie und beschimpfte. Oft wurden diese verstörten Menschen sogar aus der Synagoge gejagt. Aber eine wie sie würde man nicht so behandeln, und so hat sie immer noch Hoffnung, dass sie verstanden wird.

Wie die ‚gekrümmte Frau' nun von Jesus therapiert wurde war ungewöhnlich. Das Handauflegen klingt nach Osteopathie und Chirotherapie, und so etwas war sicher auch ein Teil der Behandlung. Vielleicht zog Jesus sie auch zu sich nach oben, um mit ihr besser reden zu können und ihr in die Augen zu sehen. Wiederum geht es also um den Blick, der in der Psychoanalyse ausgeblendet wird, da der Schwerpunkt auf dem Sprechen und Zuhören liegt, was vor allem für die Behandlung der herkömmlichen Neurosen gilt. Bei psychosomatischen Erkrankungen und den komplexeren Persönlichkeitsstörungen ist jedoch eine Therapie en face üblich. Man sieht sich in die Augen, und es kommt sehr darauf an, wie der Therapeut gelernt hat damit umzugehen.

Der Psychoanalytiker ist kein Hellseher, aber in der sogenannten *Gegenübertragung,* mit der der Therapeut auf die Übertragung des Patienten reagiert, kommen Spiegelungsvorgänge zum Tragen, die zumindest zu einem ‚Hellspüren' beim Therapeuten führen können. Die Psychoanalytikerin A. Lemma berichtet zum Beispiel, dass sie sehr häufig auf körperliche Empfindungen bei sich selbst achtet, wenn diese bei ihr in einen bestimmten dialogischen oder durch Blicke betonten Moment als Gegenübertragungsvorgang auftauchen. Sie kann daraus Schlüsse auf das ziehen, was im Patienten vorgeht und ihm dies auch mitteilen. Bei der Therapie en face kommt es zu Blickspiegelungen, die extrem vielschichtig sind. Dieses auch sonst in der Wissenschaft bekannte Phänomen hatte bereits Freud als „Interferenz mehrerer korrekter Leistungen" aufgefasst, die aber als solche selbst „inkorrekt" erscheint.[42] Was heißt dies genau?

Wie schon erwähnt heißt es, dass es einen besonders ruhigen, ‚klaren', festen Blick geben kann, Ursache könnte sein, dass die sonst bei allen Menschen auftretenden schnellen und langsamen unbewussten Augenbewegungen (‚doppeltes Sakkadensystems' der Augen) fehlen.[43] Das Auge ist nie völlig ruhig, sondern gibt selbst dem REM-Schlaf (Traumschlaf mit seinen Rapid Eye Movement) seine Definition durch die meist unbewussten, verschiedenen, feinsten, ruckartigen und auch langsamen, nachziehenden Augenbewegungen. Dies macht den Sehakt zu einem äußerst komplexen Vorgang. Man könnte sich aber vorstellen, dass es einen psycho-physischen Zustand gibt,[44,45] bei dem diese Augenbewegungen ruhiger, stetiger ablaufen, so dass der Blick ‚strahlend' und durch einen Mechanismus in sich selbst „korrigiert" erscheint.

Nun gelingt die praktische Handhabung dieser Blick-Interferenz in der therapeutischen Sitzung nur selten. Aber bei Jesus ist sie von Anfang gelungen. Sein Blick muss bei der ‚gekrümmten' Frau wohl etwas noch nicht

---

[42] Freud, S., GW IV, S. 308
[43] Gregory, R. L., Auge und Gehirn, Rowohlt (2001) S. 63 - 67
[44] Linke, D. B. Kunst und Gehirn, Rowohlt (2001) S. 33
[45] Ich habe dies in dem Buch ‚Yoga und Psychoanalyse' anhand des Begriffs des „normalen dissoziativen Phänomens" beschrieben.

oder gar nie Erlebtes geweckt haben, denn es hat sich um den ruhigen, ‚strahlenden' Blick dessen gehandelt, der den Mut hatte, mit ihr mitten in der Synagoge eine therapeutische Maßnahme vorzunehmen. Das Ganze fand noch dazu am Sabbat statt, was streng verboten war, und so zu einer heftigen Auseinandersetzung mit dem Synagogenvorsteher führte. Es gab laute Wortgefechte um die Kranke, die so plötzlich im Mittelpunkt eines generellen behördlichen Konfliktes stand, was sie stark bewegte und sie für eine Zeit lang ihr Leiden vergessen ließ.

Der Synagogenvorsteher mischte sich also lauthals in den Behandlungsvorgang ein und schimpfte wütend auf Jesus ein, dass er das Gesetz missachte, demzufolge man am Sabbat nicht arbeiten darf. Nun versteht Jesus es bestens, dieses Argument mit trefflicher Logik zu wiederlegen. „Ihr Heuchler"! donnert er zurück. „Bindet nicht jeder von euch am Sabbat seinen Ochsen oder Esel von der Krippe los und führt ihn hin und tränkt ihn?" Kommt es nicht überall zu notwendigen Tätigkeiten, die auch am Sabbat verrichtet werden müssen?! Man muss auch Kranke behandeln können, wenn diese, so wie die hier gekrümmt am Boden liegende Frau, Hilfe dringend nötig hat.

Der Synagogenvorsteher ist betroffen und die ‚gekrümmte Frau' weiß es nunmehr zu schätzen, dass zwei Männer ihretwegen miteinander kämpfen und dass sie Zeugin eines sozial-politischen Konflikts und einer revolutionären Tat ist. Denn sich gegen die Sabbatäer-

Clique zu erheben war mutig. Jesus geht noch weiter und sagt, dass die ‚gekrümmte' Frau zudem ja eine Tochter Abrahams sei, also eine, die sich auf den Gründervater der jüdischen Religion berufen kann und als besonders gläubig gilt. Der Synagogenvorsteher wusste das und fühlte sich nunmehr doppelt angegriffen.

Die Erwähnung ihrer gläubigen Abstammung machte nicht nur bei der Patientin Eindruck, sondern auch bei allen weiteren Umstehenden. Denn Jesus betont somit die Stellung der Kranken als besondere und außergewöhnliche Frau, was ihr Anerkennung und Selbstbestätigung vermittelt. So bekundet die gekrümmte Frau auch ihre neu gewonnene Zuversicht in die Überwindung ihrer Krankheit und ist des Lobes voll für die Intervention von Jesus. Sie bewegt sich bereits ein wenig freier, versucht die Krümmung ihres Rückens ein bisschen auszugleichen und lässt einen glücklichen Jesus und einen betroppten Synagogenvorsteher zurück. Die gesamte Volksmenge, so heißt es, habe sich der herrlichen Taten gefreut.

5. Blindheit und ‚absolute Stille'

Der Psychologe R. Konrad gibt z. B. die Schilderung einer ‚Jesus-Therapie' in trefflicher Form, folgert aber nichts daraus, entwickelt kein eigenes, authentisches Verfahren, mit dem man etwas Selbsttherapeutisches von Jesus lernen könnte. Hier sein Text in anderer Schrift:

Ein Blinder kam zu Jesus. „Jesus sprach: Was willst Du, dass ich Dir tun soll? Er sprach: Herr, dass ich wieder sehen möge. Und Jesus sprach zu ihm: Sei sehend! Dein Glaube hat Dir geholfen. Und alsbald ward er sehend." (Lukas 18, 40)

„Was willst du", fragt Jesus also zunächst, „dass ich dir tun soll." . . und stellt sich auf die Vorstellungswelt des Kranken ein . . . „Dass ich wieder sehen möge" ist eine klare Vorstellung im Bereich der Möglichkeiten des Patienten (‚wieder' deutet ja an, dass er den Zustand kennt). Er erwartet eine Veränderung für sich selber, an der er beteiligt ist. Mit seiner Frage stellt sich Jesus aber nicht nur auf die innere Welt des Patienten ein, sondern er eröffnet auch einen gemeinsamen Ziel- und Lösungsraum, er imaginiert sozusagen gemeinsam mit dem Kranken den ersehnten Zustand, richtet seine Kräfte darauf aus. Als er „Sei sehend" sagt, ist das eine Realisierung, eine Umsetzung von dem, was sie vorher gemeinsam in der Phantasie entworfen haben. Mit „Dein Glaube hat dir geholfen", sagt er dem Kranken, dass er – der Kranke – einen wesentlichen Anteil an dieser Veränderungsarbeit hat.

Und noch die zweite Darstellung:

In der nächsten Geschichte kommt ein Vater mit seinem vielleicht epileptischen Sohn zu Jesus. Er ist skeptisch / misstrauisch: „Kannst du was, so erbarme dich unser und hilf. Jesus aber sprach: Wie sprichst du: Kannst du was? Alle Dinge sind möglich, dem der glaubt. Alsbald schrie des Kindes Vater: Ich glaube, hilf meinem Unglauben" (Markus 9,22). Ich finde das ein sehr schönes Beispiel. Jesus sagt, es ist zunächst nicht die Frage, ob ich etwas kann, oder auch was ich kann, sondern: Alle Dinge sind möglich, dem der glaubt; d. h. auch hier sagt er, der Heilungsprozess geht von dir aus, ich kann ihn unterstützen, aber nur wenn du mir die Macht dazu gibst und dann selbst weiter übst. Es ist etwas, was zwischen uns passiert, an dem du beteiligt bist. Er weist den Vater auf seine Ambivalenz hin, macht ihm aber gleichzeitig auch ein Arbeitsangebot, zeigt ihm einen Weg. Der Vater versteht wohl dieses Angebot, denn er antwortet: Hilf meinem Unglauben, also hilf dem Teil in mir, der sich sperrt, der skeptisch ist, der noch nicht bereit ist.[46]

Was R. Konrad hier erörtert, ist gut, trefflich, wohl aber noch nicht die ganze Lösung. Dass die Heilung vom

---

[46] Konrad, R., Die therapeutische Haltung, in Fachtexte zur Entwicklung von Psychotherapie, E-Journal Nr. 1 (2000)

Kranken selbst ausgehen muss, ist zwar zutreffend, aber der Hinweis alleine, dass nicht Jesu Können das Wesentliche ist, sondern der Glaube des Betroffenen, greift zu kurz. Denn selbst wenn der Vater im Glauben gestärkt ist, dem Kind kann man das nicht sagen, und so erwähnt Konrad nicht, dass Jesus dann doch sein Können zeigt, indem er eine Art Teufelsaustreibung vornimmt: „Du stummer und tauber Geist, ich befehle dir: fahre aus von ihm"! Jesus muss Kind und Vater schon ziemlich heftig angeschrien haben, denn das Kind krampfte noch mehr und lag wie tot da. Alle riefen aus: „Er ist tot! Doch Jesus nahm ihn bei der Hand und richtete ihn auf".[47] Von der Psychoanalyse aus gesehen muss man das Geschehen als negative *Übertragung* und deren Auflösung deuten, was Konrad offensichtlich nicht kennt.

In der negativen *Übertragung* beschimpft und beschuldigt der Patient den Therapeuten, dass er nichts Richtiges kann. Genau dies tut ja der Vater des Kindes (kannst du überhaupt was, sagt er zu Jesus), wobei zudem Vater und Kind in einem ‚Münchhausen by proxy' Syndrom verbunden sind. Im Münchhausen-Syndrom erfindet oder verstärkt der Patient künstlich sein Leiden, um Mitgefühl zu erheischen. Im ‚by poxy'-Fall sind es andere, meist die Eltern (hier jetzt der Vater), die das Leiden des Kindes übertreiben und fördern, um selbst Anerkennung zu bekommen. Mit seinem lauten Ruf, seiner Austreibungsschelte, seinem Poltern reißt Jesus

---

[47] Mk 9, 26-27

die krankhafte Verbindung von Vater und Kind auseinander. Darunter zerbricht das Kind, jedoch nur kurz. Es regrediert in einer Art der von mir oben schon erwähnten Katatonie, aus der Jesus das Kind weckt und zu sich nach oben zieht. Jesus verweist auf das Gebet, das heißt auf die Selbstanalyse, denn das ‚Münchhausen by proxy Syndrom kann sich wieder verfestigen, wenn Vater und Kind nicht weiter an der Lösung arbeiten. Am besten trennt man sie sogar für eine längere Zeit.

Jesus geht gar nicht auf den Vorwurf ein, dass er nichts kann. Er weiß wie der Psychoanalytiker, dass die negative *Übertragung* zur jeder guten Therapie gehört. Der Patient muss gelegentlich mal seinen Analytiker verteufeln, er wiederholt dabei eine Reaktion aus seiner Kindheit oder aus anderen Beziehungen. Das kann der Analytiker aufgreifen wie es auch Jesus tut, der vielleicht zu dem Vater gesagt hat: ‚Du missbrauchst dein Kind! Ich bin nicht sein Vater oder deine Mutter, die auch dich vielleicht schon missbraucht haben. Hör auf mit den alten Geschichten und gegenseitigen Abhängigkeiten, die nur zu Krampfanfällen beim Kind führen!'

Anders verhält es sich im davor geschilderten Fall des Blinden, der genau weiß, wer Jesus ist und wie er vorgeht Er hält ihn für einen besonderen Mann, den man in die direkte Nachfolge Davids gestellt hat (so redet ihn nämlich der Blinde an). Von sich aus hat der Blinde also bereits seine positive *Übertragung* auf ein Höchstmaß gesteigert. Ein Spross Davids, ein Heiler steht jetzt direkt vor ihm! Da wird es in ihm schon hel-

ler! Nun muss man ihm diese Positivität nur noch bestä-
tigen, d. h. im Falle der Jesus-Therapie seinen Glauben
loben und festigen. Es ist nämlich so, dass der Blinde
also noch Sehreste hat, er kann nicht eine ausgeprägt
physische Blindheit gehabt haben, also etwa eine organische Amaurose, obwohl es hieß, die Blindheit habe
seit Geburt bestanden.

Nein, erklärt Jesus, weder die Genetik noch er selbst
sind schuld. Vielmehr ist er deswegen blind, damit das
Wesen der Psychosomatik an ihm aufgezeigt werde
(authentischer Wortlaut: „Damit die Werke Gottes kund
gemacht werden"). Es ist also sicher, dass Jesus nicht
eine schwere physische Blindheit beseitigt, sondern
eher eine, die wir heute psychosomatisch nennen, vielleicht eine Mischform des Blindseins. Hier arbeitet der
Patient motiviert mit, und so öffnet sich für ihn zuerst
das ‚innere Auge‘, das *Strahlt*, der Primärprozess des
Schautriebs. Jesus hat dann vielleicht noch zudem gefragt: siehst du nicht das ‚innere Licht‘, das Schim-
mernde des eigenen Körperbildes, denn noch die dun-
kelste Wolke hat einen silbrigen Rand, siehst du das?
Auf jeden Fall macht Jesus ihn ‚innerlich sehend‘, wie
man es oft in der Mystik ausdrückt und was immer das
vorerst heißen mag, denn es wirkt sich auch auf das
äußere Sehen aus.

In Lacans Bild-und-Blick-Theorie wird dies ausführlich
erklärt. Lacan weist mehrmals darauf hin, dass nicht
nur das Schaubegehren nach außen das Interessante ist,
sondern dass der Mensch auch immer unter dem Blick

des groß zu schreibenden *Anderen* steht. Es gibt wie erwähnt eine Reziprozität von Blicken und Angeblickt-werden. Das Schauen, der Blick per se, was ich also ein *Strahlt* nenne, ist nach Lacan „ein von mir auf dem Feld des *Anderen* imaginierter Blick. Er besteht sozusagen aus einer Blick-Spiegelung, In dem, was wir sehen, steckt immer ein ‚Licht- oder Strahlt-Punkt‘, von dem aus beleuchtet uns der/das als Bild wahrgenommene *Andere* – hier jetzt erst einmal nur ein visueller Ab-schnitt des Sichtbaren – selbst anblickt und eine Stelle erzeugt, an der wir selbst schon in das Bild lustvoll eingeschrieben sind.

Doch bevor ich noch zu einem anderen Mechanismus der ‚Jesus-Therapie‘ komme, noch einmal kurz zu einer anderen, ähnlichen Geschichte (Mk 5, 2-20). „Als ein Besessener Jesus von weitem sah, lief er hin, warf sich vor ihm nieder und schrie mit lauter Stimme: „Was willst du von mir, Jesus, Sohn Gottes, des Allerhöchs-ten? Ich beschwöre dich, quäle mich nicht"! Jesus hatte nämlich zu ihm gesagt: „Fahre aus von dem Menschen, du unreiner Geist"! – und das ist ein schmerzhafter Prozess. Auch dieser Besessene hat also schon im Vo-raus eine starke positive *Übertragung*, er zweifelt gar nicht daran, dass Jesus allerhöchste Therapeutenqualität hat. Aber das kann nicht ein Wissen im rein intellektu-ellen Sinn sein, es muss ein Wissen im ‚Seherischen‘, im imaginären *Signifikanten*, im ‚unbewussten Sehen‘

sein.[48] Er weiß schon im Voraus, dass das therapeutische Vorgehen auch schmerzhaft sein kann und dass er, gequält, ihm nicht standhalten können wird!

Jeder, der in der Psychiatrie gearbeitet hat, weiß, dass rein intellektuelles Wissen eher das Gegenteil bewirkt. Der psychisch Kranke weiß sehr wohl, dass der Psychiater der Herr Professor ist, aber gerade das macht ihn eher noch widerspenstiger. Denn er weiß auch, dass ihm Medikamente, Ruhigstellung oder Elektroschocks drohen. Wie der Nervenarzt und Psychotherapeut G. Benedetti gezeigt hat, sollte der Therapeut sich dem psychotisch Kranken durch eine Identifikation nähern. D. h. der Therapeut muss etwas im Wesen des Kranken aufspüren und sich damit identifizieren, und wenn es nur damit ist, wie dieser eine Wand anstarrt.[49] Wie Konrad es sagte imaginiert er etwas Gemeinsames mit seinem Patienten. Denn von da aus kann der Therapeut, indem er jetzt ebenfalls die Wand anstarrt (das ist die Identifizierung mit dem Patienten) nunmehr zu dieser zu sprechen beginnen!

Indem der Kranke diesem Sprechen (das natürlich gewisse Besonderheiten enthalten muss) zuhört, wird er darauf reagieren. Ihn einfach nur als Vorgesetzter, als Macher, als angeblich Wissender ansprechen, würde beim Patienten nur Widerstand erzeugen. Im Falle die-

---

[48] Ruhs, A., Das unbewusste Sehen, Psychoanalyse, Film, Kino, Löcker Verlag (1989)

[49] Benedetti, G., Der Geisteskranke als Mitmensch, VR Verlag (2002)

ses Besessenen muss der Therapeut also erst selber einen Blick in die Umgebung, ja in die Höhe des Himmels richten und vielleicht ein Gebet sprechen, oder wie in Benedettis Fall die Wand anstarren. Damit tut er das gleiche und doch auf einer anderen Ebene wie der Besessene und erst jetzt – wenn der Kranke den Blick und das Sprechen des Therapeuten mitverfolgt hat, kann dieser in einen direkten Dialog mit dem Kranken eintreten. Vielleicht frägt der Kranke dann selber: „Was siehst du da oben, was ist Geist"? Und der Therapeut kann dann antworten: „Wie kann es mehr als einen Geist geben, der uns verbindet, der Geist des Dialogs, der Geist, der in allen Menschen wohnt! Lass uns ein gutes Gespräch haben!"

Therapeut und Kranker verbinden sich zuerst einmal im Blick, in der Schauung, in der reinen Visualität, ‚Vision‘, ja im *inständigen Blick,* das ist das Geheimnis! Es ist ein Blick, der nichts will, nichts beansprucht, nichts erglotzt, anstarrt, verschlingt oder haben möchte. Aber er ist auch einer, der nichts erhöht, zelebriert, idealisiert, ja, der – fast möchte man sagen – gar nichts Genaues im Äußeren sieht. Dieser *Blick* des Therapeuten trifft sich mit dem Blick oder ahmt identifizierend den verstörten Blick des Kranken geradezu nach, um schließlich wenigstens eine Zeit lang in einem gemeinsamen, absoluten *Blick,* im *Blick* des *Anderen* zu verweilen, im *imaginären Signifikanten,* dem *Strahlt* der reinen Luzidität, von wo aus nunmehr das Wort, der *verbale Signifikant,* das *Spricht,* beginnen kann! Das ist ein ganz wesentliches therapeutisches Element, das man nicht nur in der

‚Jesus-Therapie', sondern auch in der klassischen Psychoanalyse wiederfinden kann![50]

Nochmals: der Blinde erlebt ein ihn tief erschütterndes und kathartisches Ereignis. Er ‚sieht' jetzt die Welt, wie sie ‚wirklich' ist, was seine Fehler waren, seine Verkrampfungen, Somatisierungen, Lebenslügen, Selbsttäuschungen. Rein physisch sieht er gar nicht so viel besser, aber als die Leute ihn fragen, sagt er natürlich: Das Innere Schauen (der *imaginäre Signifikant*) ist in ihm klar, bewusst und sichtbar, ja richtig ‚sichtig', inständig, hell geworden. Erst jetzt erfasst er alles perfekt. Denn nur so lässt sich verstehen, warum Jesus umgekehrt auch ‚Sehende' blind machen kann und muss,

---

[50] Die Trennung in imaginäre und verbale *Signifikanten* ist etwas künstlich. Der *Signifikant* hat von vornherein beide Anteile in sich, er ist ja nicht nur das Wort, sondern das Bild-Wort, die Hieroglyphe, der schillernde Bedeutungsknoten. Eben deswegen, weil der *Signifikant* sich nicht selbst signifizieren kann, braucht es die Zusammen- bzw. Gegenüberstellung mindestens zweier *Signifikanten*, um definitiv zu werden (Lacan: ein *Signifikant* repräsentiert ein *Subjekt* für einen anderen *Signifikanten*). In der Psychoanalyse wird der Blick als solcher zwar vorwiegend eliminiert, dies ist jedoch eine Freud'sche Spezialität. Freud wollte „nicht angestarrt werden" und er hatte sicher gute Gründe in der Anfangsphase der Psychoanalyse, den Blick auszusparen. Heute aber könnten hier andere Gesichtspunkte zum Zuge kommen. Siehe z. B. G. Seidlers Buch, Der Blick des Anderen, Verl. Int. Psychoan. (1995), in dem dieses Zusammenspiel des betont Bildhaften und Worthaften deutlicher herauskommt.

nämlich vom inneren Sehen heraus: es handelt sich dabei um die Leute, die glauben, alles zu wissen und richtig zu ‚sehen‘, die Überflieger, die Savants, die Hellseher, denen man einmal zeigen muss, dass sie mit ihrer Kunst gar nicht so weit sind, wie sie glauben. Die nur ihre Geschäfte damit machen. Die Gaukler, die Magier, die Charismatiker und Blender, die Politiker, die eigentlich blind sind. Indem sie jetzt bemerken, was ‚sehen‘ wirklich bedeutet, kann man mit ihnen davon reden und ihnen die wahre Ein-Sicht vermitteln.

Doch nunmehr zu einem anderen Punkt in der Jesusmethode, der mit der Psychoanalyse noch trefflicher koinzidiert. R. Konrad hat in dem im Kapitelanfang geschilderten Fall festgestellt, dass Jesus eine Bemerkung zwischenschaltet. Er stellt eine Frage und wahrscheinlich hat es auch noch ein paar andere Bemerkungen gegeben. Er macht diese Pausen einer Stille, einer Leere, er „eröffnet einen gemeinsamen Ziel- und Lösungsraum“, wie R. Konrad schreibt. Dieses Phänomen hatte ich ja ebenfalls bereits bei der ‚blutflüssigen Frau‘ diskutiert: die *Übertragungs-*Spitze, -Stille, -Leere! Man spricht psychoanalytisch auch vom *Übertragungs-* oder *Übergangsraum*, weil es ein Raum ist, an dem Patient und Analytiker gleichermaßen teilnehmen, obwohl er leer ist.

Bei diesem Raum handelt es sich um eine kreative Leistung, eine Schöpfung des Kindes, „die an der Schwelle zur Getrenntheit [von der Mutter] einsetzt, im Übergang von dem Erleben der Mutter als verschmolzen mit dem eigenen Selbst und dem Gewahrwerden der Mutter als einem äußeren, getrennten Objekt."[51] Es ist ein äußerst stiller Raum heftigster Turbulenzen, der jedoch die kreative Seite des Unbewussten demonstriert! Genau dies wird auch im Verfahren der *Analytischen Psychokatharsis* betont. Auch der Priester-Arzt P. Tournier hat diesen Punkt im Mechanismus der ‚Jesus-Therapie' exakt so benannt: „die Stille" als solche!

Tournier meditiert regelmäßig, um in eine Verfassung vollkommener Stille zu kommen. Er sagt: „Es besteht hier eine gewisse Ähnlichkeit mit der Psychoanalyse. Wer hat die Stille wieder aufgewertet? Freud! Er hat ihre enorme Macht wieder aufgedeckt. Für den, der eine Psychoanalyse durchmacht, gibt es Augenblicke, in denen die Stille bedrückend wird. Dann möchte der Patient, dass sein Arzt etwas zu ihm sagt. Es gibt also eine Macht der Stille, die uns zwingt, tiefer in uns ein-zudringen. Dieses Phänomen kannte Jesus gut. Er konn-te eine ganze Nacht in der Stille der Wüste zubringen. Dem Apostel Paulus war es ebenfalls bekannt. Auch allen Mystikern. Es handelt sich um einen Neuaufbau der Person, der zur Entdeckung der tiefsten Beweg-gründe führt."[52]

Dieser andere Punkt der ‚Jesus-Therapie' ist also mit einem wesentlichen Element der Psychoanalyse weit-

---

[51] Leszcynska-Koenen, A., Herzasthma, Exil- und Objektver-lust, PSYCHE 11, (2009) S. 1138
[52] Tournier, P., Die Kraft der Stille, in „Zuhören können" Caux V. (1998)

gehend identisch, wenn es auch vorkommt, dass im „freien Assoziieren" das Unbewusste nicht so ganz zu geweckt wird und zu viel Reden es manchmal wieder zu deckt. Es handelt sich nicht nur um eine einfache Stille, um den Moment einer Redepause, sondern um einen Nullpunkt, eine provozierende Stille, um das Denken mit und in dem (Fast)-Nichts des *Übertragungsraums*! Es handelt sich um die *Stille des Absoluten*. In diesen Momenten sagt man als Patient manchmal nichts, manchmal aber auch mehr als man wollte. Man gesteht sich und dem anderen etwas ein, man kommt nicht um eine gewisse Enthüllung herum! Das ist das, was Jesus Glaube nennt! In diesen Sekunden oder Minuten wird eine Endgültigkeitsdimension bewusst, die Stille als solche, die „Dunkle Nacht" des Johannes vom Kreuz, die Erinnerungen weckt, die vielleicht gar nicht ganz zu erinnern sind![53]

Indem der Blinde in diese *Stille* hinein starrt und hört, sein Blick sich darin verwirrt, erschrickt und blendet, *sieht* und *hört* er plötzlich! Es handelt sich nicht um ein total neues physisches Sehen oder Hören. Aber um eine völlige Umstrukturierung nervaler Spannungen und Reflexe im Auge und vor allem auch im Seh- und Hörorgan des Gehirns bzw. des Unbewussten, also um eine psychosomatische Reaktion. Deswegen können wir

---

[53] Noch einmal verweise ich daher auf die im Anhang geschilderte Methode der *Analytischen Psychokatharsis*, in der dieser Stille noch mehr Raum gegeben wird als in der klassischen Form der Psychoanalyse.

davon ausgehen, dass auch der Blinde von Lukas 18, 40 kein Schwerstbehinderter war, der restlos blind war (es wird ja auch bestätigt, dass er ‚wieder‘ sehend werden will, also wahrscheinlich selbst seinen Fall als seelisch mitbedingt ansieht.) Ausschließlich an Wunder glaubten auch die Menschen damals nicht.

Hier kann man wieder sehr einfach aus der ‚Jesus-Therapie‘ lernen. Jesus verleitet, ja „verführt" den anderen zwar viel stärker zur *Übertragung*, aber er zwingt ihn dadurch unter die Kautel einer ebenso starken Verheißung zum Sprechen. Er gibt keine Gratifikationen, keine simplen Verbrüderungen, sondern nur das Geschenk des Wortes, der Wahrheit. Die heutigen „aktiven" Therapeuten, die ihre Patienten ständig körperlich berühren oder Suggestionen verteilen, können diese *Übertragungs*-Verstärkung, diese Geschenke, nicht mehr zurücknehmen, ohne dabei wieder zu traumatisieren. Man muss die *Übertragung* auflösen, ohne den Patienten zu verletzen, was Jesus ganz einfach z. B. dadurch tut, dass er fortgeht.

Oft lässt Jesus nämlich seine Gesprächspartner in Verwirrung zurück, dies bewirkt jedoch gerade ein längeres und gründlicheres Nachdenken, Nacharbeiten über seine Worte, denn seiner Methode nach muss die *Übertragung* ja nie völlig aufgelöst werden. Es genügt, die neurotische, inadäquate Art der *Übertragung* aufzulösen. Einen Übertragungsrest kann man aber belassen, ja ist sogar meist von Vorteil, denn es gibt der Psychoanalyse einen optimistischen Einschlag. Ich habe den pessimistischen Hintergrund der herkömmlichen Psychoanalyse infolge der Einführung des Todestrieb bereits weiter oben erklärt.

Auch Lacan wendete diese Methode an. Er schickte oft einen Patienten schon nach fünfzehn Minuten wieder nach Hause mit der Begründung, dass bei zu starken Widerständen gegen das Analysieren, aber auch nach einer enthüllenden Deutung, der Patient zu Hause genauso gut nachdenken und das Ganze nacharbeiten kann. Denn in der Sitzung würde er jetzt nur noch schweigen oder in seinem Reden vom hundertsten ins tausendste kommen. Wegen dieser Art die Behandlung zu unterbrechen, wurde er vom psychoanalytischen Komitee ausgeschlossen, da es eine offizielle Regelung gab, die therapeutische Sitzung müsste fünfzig Minuten dauern. Dabei hatte er durchaus Recht, man kann auch die Zeitstrukturierung zur Therapie nutzen.[54] Aber die Päpste der Internationalen Psychoanalytischen Vereinigung schlossen ihn aus, ,exkommunizierten' ihn, wie er spöttisch sagte.

Auch Jesus schickte also die Leute weg oder verschwand ganz einfach, denn dann mussten sie das, was sich gerade ereignet hat, selbst zu Hause affektiv und meditativ im Gebet nacharbeiten. Dabei lässt er sie nicht allein, er gibt ihnen etwas, das man damals Glauben

---

[54] Damit das das Ende der Sitzung nicht negativ verstanden würde, verabschiedete Lacan seine Analysanden mit liebenswürdigsten Worten: „Wann kommen Sie wieder, mein Lieber; morgen"?

nannte, in Wirklichkeit aber eine Art von Ersthand-Erfahrung war: ein kathartisches, befreiendes Erleben wie ich es weiter oben mit dem Begriff des Schauerns, des Körperbild-Durchrieselns beschrieben habe. Dieses könnte durch die Mitgabe einer Gebetsformel dann auch weiterhin zu Hause geübt werden. Im modernen Yoga wird so etwas auch durch Sanskritformulierungen ermöglicht, da auch dort eine von vornherein bestehende stark-positive *Übertragung* auf den Guru die Körper-bild-Erfahrung stützt.[55] Man kauft sich jedoch dann in den asiatischen Kulturkreis ein und bleibt darin wieder auf andere Weise fixiert.

In der ersten Übung der *Analytischen Psychokatharsis* geht es um das Gleiche, nur dass hier die Meditations-formeln anhand der Lacanschen Psychoanalyse wissen-schaftlich aufgebaut sind. Man ist damit in die Wissen-schaftskultur unserer Zeit und Region eingebunden, kann sich stets ergänzend darüber belesen oder weiter informieren. Hier ist der Lehrer und Therapeut gar nicht mehr anwesend, er steckt bereits im „linguistischen Kristall" der erwähnten *Formel-* und der ihnen zugehö-rigen *Pass-Worte*, was nicht heißt, dass man nicht er-gänzend einen Therapeuten zuziehen kann.

---

[55] Kirpal Singh, Die Krone des Lebens, Günter Verlag (1974)

6. Die Ehebrecherin

Auch in der Geschichte mit der Ehebrecherin von Joh. 7,53 – 8,11 zeigt Jesus, dass er etwas von Liebe, Sexualität und der Beziehung zwischen Mann und Frau versteht. Er war sicher der Meinung, die auch Freud teilte, der nämlich schrieb, „dass etwas in der Natur des Sexualtriebes selbst dem Zustand der vollen Befriedigung nicht günstig ist".[56] Sonst funktioniert das Sexuelle überall, nur da nicht, wo es der simplen Volksmeinung nach zum wahren Genießen kommen sollte. Bei der Ehebrecherin verfährt Jesus wieder nach dem *Übertragungs*-Prinzip, um die verhärtete, fest fixierte libidinöse Struktur aufzulösen und benutzt dazu ganz besonders intensiv das Schreiben. Hier kann ich sogar noch besser die Ähnlichkeit zur Psychoanalyse, zur ‚Jesus-Therapie' und zu meinem Verfahren der *Analytischen Psychokatharsis* beweisen, in der im Kreis Geschriebenes eine zentrale Bedeutung hat. Die *Formel-Worte* sind nämlich in Form einer Kreisschreibung verfasst wie in diesem Kapitel noch zu zeigen sein wird.

Auch hier will man Jesus vorführen und dazu verführen, sein Gewaltlosigkeitsparadigma zu verraten, indem er der Steinigung der Frau zustimmen soll. Man holt ihn extra herbei, obwohl man wusste, dass er kein offizieller Rabbiner war. Jesus bewahrt zuerst wieder einmal

---

[56] Freud, S., Über die allgemeinste Erniedrigung des Liebeslebens, GW, 8, S. 89

Ruhe und „schreibt mit dem Finger auf die Erde." Er reagiert erst gar nicht, wie ein guter Psychoanalytiker schweigt er und schreibt schon einmal einen Entwurf seiner Therapie, einen Entwurf seiner Deutung, einen Entwurf der Psychodynamik des vorliegenden Falles in den Sand. In Gegenüberstellung zum *Übertragungs*-Objekt, das der Psychoanalytiker ist, spreche ich hier vom ‚Deutungs-Objekt'. Etwas nimmt schon von vornherein stark Bedeutung an, Deutung, die Sinn vermitteln kann, *Schreibung*, die wie ein typographisches Objekt der im Unbewussten versteckten Wahrheit ist.[57]

Es ist eine Deutungs-Maschinerie, denn es handelt sich ja um schon ein sehr objekthaftes Wortgebilde, Bild-Wort-Wirkendes par excellence. Und eben dieses kann man auch in der ‚Jesus-Therapie' sehen: Jesus hat schon den kompakten Schlüssel in der Hand, er lässt nicht unbedingt erst den Patienten stundenlang reden. Er besitzt das ‚Deutungs-Objekt' schon aus der „Schau" seines „*Vaters*", aus der göttlichen Lehre, die er sich vor seinem öffentlichen Auftreten vielleicht bei den Qumran-Essenern erworben hat. Was psychologisch kompakte, in sich sehr schlüssige *Formel-Worte*, kristalline

---

[57] Die Schilderung der Psychodynamik des zu behandelnden Falles in Form eines diagnostischen Gutachtens ist den Psychoanalytikern von den Krankenkassen her vorgeschrieben, was in gewisser Weise paradox ist. Denn während der Arzt die Diagnose am Anfang stellt, kann der Therapeut diese eigentlich erst am Ende stellen, wenn alles psychodynamisch durchgearbeitet und geklärt ist.

Kurzsätze, „ultrareduzierte Phrasen" (Lacan) aus dem Unbewussten sind, sind bei Jesus meist spruchhafte Gleichnisse, Hinweise auf das Alte Testament, aber auch logisch geführte Beweise (wie beim Streit um die Sabbatarbeit, Kap. 4).

Etwas Ähnliches gilt auch für die Literatur, für den absoluten Roman, das perfekte Feuilleton. Während des Lesens eines sehr guten Buches stellt sich nämlich Vergleichbares ein wie in einer Psychoanalyse oder wie bei Jesu Schreibung in den Sand. Der Text hat in solch einem Buch dann schon selbst „die Autoritätsposition inne, indem er buchstäblich mit sich selbst identisch bleibt, sich nicht kommentiert, sondern diese Rolle dem Leser überträgt . . . Effekte auslösend . . . die den Leser zu Bildern und Interpretationen verleiten . . ."[58] Man fängt an, sich mit dem Text im Buch zu verwickeln, zu reden, sich zu verwandeln. Ein exzellentes Buch kann also auch eine Art von „Deutungs-Objekt" sein, und genau so etwas geschieht auch durch den Text, den Jesus bei der Ehebrecherin in den Sand schreibt. Noch weiß zwar keiner, was Jesus wirklich tut, aber sehen wir weiter.

Nach Jesu Intention soll sich erst wieder jenes ungetrübte, reine, wichtige Gefühl einstellen, die positive *Übertragung* in der Form des *Strahlt*. Die Männer, die schon die Steine zur Steinigung in der Hand haben und

---

[58] Fechner-Smarsly, T., Die Wiederkehr der Zeichen, P. Lang-Verlag (1991) S. 68

die „gefallene" Frau sollen erst eingestimmt werden in einem Moment des Innehaltens, der Positivierung. Es erinnert fast ein bisschen an Magie, wenn Jesus, wie wenn er nichts gehört hätte, *Zeichen* in den Sand schreibt und damit dem *Strahlt* schon langsam sein *Spricht* zugesellt. Aber mit Sicherheit hat er nicht mystische, magische *Zeichen* auf die Erde geschrieben, sondern wahrscheinlich irgendetwas, das auch Bezug zum Alten Testament oder anderen religiösen Schriften hat.

Denn die Männer, die steinigen wollen, berufen sich ja auf Moses, auf Leviticus 20,10 z. B., wo die Steinigung der Ehebrecherin legitimiert wird, und so könnte Jesus z. B. gut dazu Jeremias 5,10 zitieren, wo Ehebruch zwar verurteilt wird, aber es soll niemandem diesbezüglich der „Garaus gemacht werden" wie dort wortwörtlich steht! Soweit soll es nicht kommen! Dadurch, dass er ein Zitat – vielleicht gering abgeändert – auf die Erde schreibt und nicht selbst spricht, erzeugt er genau diesen Moment der Ruhe, des *Übertragung*sfriedens, der *Stille des Absoluten*, in dem sich die „inneren schützenden Repräsentanzen" aufbauen können und in dem sich eine Wendung herstellt, die Wendung vom *Strahlt* zum *Spricht*, vom „Deutungs-Objekt" zur wirklichen Deutung.[59] Letztere muss nämlich mit klarer Stimme wörtlich vorgetragen werden.

---

[59] Volz-Boers, U., Transformation des frühen psychischen Traumas durch Neubildung von Repräsentanzen, Psyche Nr.11 (1999) S. 1137 -1159

Eine verbale Intervention gleich zu Anfang hätte aggressiv klingen können, die *Zeichen* im Sand dagegen
muss man erst so stehen lassen und irgendwann versuchen, sie selber zu lesen. Gerade weil die herumstehen-
den Männer sie aber erst nicht lesen können, aber wissen, dass Jesus jetzt als Rabbi agiert, müssen sie inne-
halten. Selbst wenn er als Rabbi zwiespältig gesehen
wird, müssen sie sich fragen: Was schreibt er da in den
Sand? Ideal also wird hier tatsächlich auf das Geschriebene zurückgegriffen, auf Beziehungs-Formulierungen,
auf das *Formel-Wort*, Knoten-Wort „in seiner Plättung", dem Lacan das höchste Maß am Realen zu-
weist.[60]

Es gibt die Sünde und es gibt die Sühne, alles befindet
sich vorerst in diesem Zwischenraum. Jesus kann nicht
zu lange warten. Der Moment der Besinnung ist inzwischen aufgebraucht, und so kann und muss Jesus jetzt
doch laut und mit klaren Worten sprechen. Vielleicht
deutet er mit einer dezenten Geste auf das Geschriebene
und ruft dabei: Männer, „wer ohne Sünde ist, werfe den
ersten Stein!" Aha, das steht da im Sand: wer Steine auf
andere wirft, muss erst nachweisen, dass er frei von
jeder Sünde ist. Als hätte er eine Bibelstelle abgelesen,
als wäre es ein schon seit langem bekanntes Gesetz, so

---

[60] Nach Lacan erreichen wir das Reale am besten dadurch,
dass wir von der dreidimensionalen Welt zur zweidimensio-
nalen gehen (Plättung), durch deren ideale Formeln aber zur
wirklichen (vierten) Dimension gelangen. (Weisheit, Deutung, Erkenntnis).

trägt Jesus es jetzt laut vor. Los Leute, werft doch, ihr seid ja Orthodoxe, Rechtgläubige! Ihr seid doch die Super-Frommen! Ihr kennt doch Leviticus 20,10, was der Herr zu Moses sagte! Aber habt ihr auch Jeremias 5, 10 gelesen?!

Auch da steht, man soll strafen, dieser verdammte Ehebruch! Dieser Bruch zwischen den Geschlechtern, wo es doch – wovon der Lacanianer Jesus überzeugt ist – gar kein Geschlechtsverhältnis gibt, weil nichts davon sich wirklich sagen lässt, *schreiben* lässt, quantifizieren lässt![61] Weil es eine klassische Scheinbeziehung ist (eine die grell scheint, aber nur dem Anschein nach Beziehung ist). Wer gestaltet sein Geschlechtsverhältnis demnach so, dass es das reine Liebesverhältnis ist, das reine Abenteuer höchster Liebeskunst, einer Liebesschule, wie es der Psychoanalytiker Kernberg dargestellt hat (oder dargestellt haben will)?[62] Wer ist also ohne „Fehler"? Damit es nicht so aussieht, als würde Jesus sich nunmehr selbst zum Ober-Rabbiner aufmotzen, schreibt er ein zweites Mal etwas in den Sand.

---

[61] Lacan, J., Seminar XIX (Comte rendu vom 9. 2. 1973)
[62] Kernberg, O, Liebesbeziehungen, Klett Cotta (1998). Der Autor stellt hier allerdings die Intimität von Liebesbeziehungen nach der Objektbeziehungstheorie dar, was häufig dahin führt, dass auch prädipale, also „perverse" Elemente dosiert (Objektbeziehung und Über-Ich beider Partner müssen abgewogen und abgestimmt sein wie die Dosierung(!) eines Medikamentes) zur Anwendung kommen.

Vielleicht haben einige der Männer das Erstgeschriebene schon gelesen. Jesus ist nach wie vor bemüht, nicht vorzeitig verbal zu intervenieren. Es ist der größte Fehler, den man als Analytiker machen kann, wenn man etwas zu schnell versteht, wenn man zu vorzeitig interveniert oder interpretiert, weil man glaubt alles verstanden zu haben! Etwas zu gut verstehen kann heißen, etwas zu schnell zu objektivieren! Der Objekt-Bezug muss sich aus der gesamten Situation, die der Patient vermittelt, seinen bewussten Aussagen und seinen darin enthaltenen unbewussten Stockungen, Versprechern etc. erst ergeben. Während der Analytiker aber schweigen muss, bis sich wirklich auch beim Patienten bereits der Punkt ergibt, wo die Deutung schon in der Luft liegt, muss der Analytiker und hier auch Jesus nunmehr doch im rechten Moment ‚aktiv' werden. Er hat zudem gleich eine Mehrzahl von Patienten, sowohl die Frau als auch die Steiniger um sich herum, und so muss er wieder noch etwas beherzter eingreifen als es ein klassischer Therapeut tut!

Er muss zwar wie der Analytiker eine Einschätzung des Falles vornehmen, diese aber seinen Patienten gleichzeitig und sofort vermitteln. In der heutigen Psychoanalyse muss der Therapeut ein Gutachten erstellen, das – anonym – ein Gutachter erhält, der die Einschätzung des Falles für die Krankenkasse beurteilt und damit auch eine Art Supervision ausübt. Jesus aber muss sein eigener Supervisor sein, er muss die Einschätzung so niederschreiben, dass seine Patienten sofort sehen, dass hier ein gutachterliches Verfahren mitwirkt, dass wirkliche Wissenschaft im Spiel ist und die Sache in Ordnung geht. Es ist, als kümmert Ihn die ganze Angelegenheit gar nicht. Er will nichts, Er ersucht nichts, beansprucht nichts von seinen Analysanden, seinen Patienten und anderen Protagonisten.[63]

Er beschäftigt sich fast ausschließlich mit der analytischen (und das heißt hier mit der alttestamentarischen) Theorie und Einschätzung des Falles. Er w i l l nicht heilen, er weiß, dass das Unbewusste die Heilung selbst in Gang setzt. Die *Namensformel* des *Vaters*, das *Formel-Wort* als Unbewusstes, der weibliche Eros, wird es tun. Er weiß, dass es ein Es *Spricht* / Es *Strahlt* gibt, und dass dies die Dinge regeln wird. Dazu muss er nur erneut etwas in den Sand malen, *Schreiben* / Lesen, genau diese Kombinatorik induziert das Es *Spricht* / *Strahlt* in einer einheitlichen *Schreibung*. Eine Intervention durch das Sprechen alleine wäre zu vorzeitig wichtigtuerisch und belehrend gewesen.

Auf jeden Fall kritzelt Jesus also ein erneutes Mal wie absichtslos, wie maschinell und virtuell – denn es scheint an niemand (wie anonym an den Gutachter) gerichtet zu sein – etwas in den Sand. Noch war es nicht die „gesättigte Deutung". Beeindruckt von der Gelassenheit und Sicherheit dieses Theoretikers halten die Steiniger einen weiteren Moment inne. Irgendwie

---

[63] Nochmals betone ich, dass es sich selbstverständlich nicht um heutiges Wissenschaftsverständnis handelt, sondern um antike, mythische „Wissenschaft".

scheint dieser Therapeut ein Wissenschaftler zu sein – einer, dem man reales Wissen unterstellt. Damals war es der Rabbiner, dem man unterstellte, ein wirklicher Gottesmann zu sein, der geheime Kräfte besitzt. Die Formeln aus dem Alten Testament scheinen in besonderer Weise zu stimmen. Die Deutung, „wer ohne Sünde, ohne Fehler ist" hat funktioniert. Denn Sünde, ja ein Fehler ist es, wenn man ein Liebesverhältnis hat, wo das Genießen nicht durchschlägt von Mann zu Frau, wo es gehemmt auf der Strecke bleibt! Männer, liebt ihr wirklich alle so gut, macht ihr's wirklich so gekonnt, dass es kein Fehl (Sünde) ist?! Kann das jeder von euch sagen!?

Diese Frau ist doch vielleicht deswegen untreu geworden, weil's der ihre nicht so richtig gewusst hat, was es heißt, richtig zu lieben. Zu Levitikus 20, 10 und Jeremias 5, 10 kann man nämlich, um das *Formel-Wort* voll werden zu lassen, noch Sprüche 5, 18-19 zitieren! „Erfreue dich mit der Ehefrau deiner Jugend! . . . Mögen ihre eigenen Brüste dich zu allen Zeiten berauschen! Durch ihre Liebe mögest du fortwährend im Taumel sein"! Ja hat denn der Ehemann dieser „Ehebrecherin" vielleicht total versagt? Hat er sich nicht berauscht, ist er nicht getaumelt im Liebesgenuss? Habt ihr nicht auch die etwas freieren Stellen im Alten Testament gelesen?! Von der Erotik des Hohen Lieds gar nicht zu reden! Eine Sünde ist es, wenn es mit der ehelichen Liebe nicht klappt! Das Liebesversagen der Orthodoxen, der Schriftsüchtigen, der Gesetzesfanatiker – das ist der

eigentliche Fehler, die eigentliche Sünde, ihr Steine-
schmeißer, ihr Dummen, ihr Mörder!

Es kann nur so etwas wie eine mehrfach sich überschneidende Bedeutung in einer Formulierung zur Frage des Begehrens / Genießens gewesen sein, die die
Steiniger schließlich zurückhält. Einfach irgendwelche
aneinandergereihte Zitate aus dem Alten Testament,
rein verbal geäußert, hätten nicht geholfen. So etwas
hätte nur theoretisch moralisierend gewirkt, nicht echt
therapeutisch. Aber diese *Schreibung*, bei der der
Schrägstrich zwischen dem *Strahlt* des Genießens und
dem *Spricht* des Begehrens selbst mitgeschrieben,
selbst *Signifikant* des Realen ist, die bewirkt es. Natürlich haben sie alle bei ihren Frauen versagt! Klar, man
müsste es mit der eigenen richtig können und nicht als
Ersatz dauernd nach den anderen schielen! Also lassen
sie die Steine fallen. Dumm wollen sie nicht sein. Wenn
es in der Bibel so steht, dass man beim Ehebruch diffe-
renzieren, abwägen muss, worin denn wirklich die Sünde besteht, wollen sie nicht die sein, die den Justizirr-
tum noch fördern und sie so zu Mördern werden lässt.
Die Dreifach-Formulierung (zwei Mal schreiben, einmal sagen) hat gewirkt.

Als sie dann alle nachdenklich werden und weggehen,
steht Jesus schließlich der Frau alleine gegenüber, Blick
in Blick, schutzlos, nur getragen vom reinen, positiven
Übertragungs-, Gegenübertragungs-Gefühl. Aber er
kann auf seine (analytische) Theorie vertrauen. Auf den
AB-BA, wie er den *Vater* auch nennt, auf diesen Na-

men des Namens, dieses *Formel-Wort*, das eine Drei-
fach- oder manchmal sogar Mehrfach-Formulierung
aufweist, ist Verlass. Lacan vergleicht diesen formelartigen *Vater*-Namen mit dem Borromäischen Knoten
(siehe Abbildung unten links), also dreier Schlingen,
wobei „alles auf einer beruht, auf einer als Lücke, die
ihre Konsistenz allen anderen mitteilt."[64] Die Zahl der
,

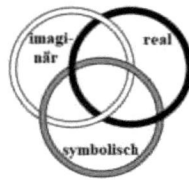 

Schlingen, das ist die Zahl der sich überschneidenden
Bedeutungen, die für das *Formel-Wort* gelten, dessen
Schreibung ich hier (Abbildung oben rechts) darstelle
und noch ausführlich darlegen werde, wobei alles darauf beruht, dass man mit dem Üben in die besagte Lücke fällt, in das Loch einer über die Drei hinausgehen-
den, letzten Bedeutung, die aus dem eigenen Unbewussten kommt. Ins Loch des Liebestaumels mit eben
der Frau, die einem zugehört, zu der man(n) gehört, was
der Ehebrecherin wohl noch nicht so ganz gelungen ist.

---

[64] Lacan, J., R.S.I., Seminar Nr. XXII, Lacan-Archiv (1998) S.
70. Man muss sich das Ganze als das vorstellen, das sich im
Unbewussten ereignet. Träume z. B. spielen sich im Imagi-
när/Symbolischen ab, wurzeln jedoch auch im schwer zu-
gänglichen Realen.

Denn sie hat viele Männer gehabt, daran ist kein Zweifel.

Man(n) kann sich da hinein fallen lassen, denn das Unbewusste antwortet immer, wohingegen das ‚Phallische‘ (Freuds phallische Phase, die für beide Geschlechter gilt und auch für das Zepter der erotisch Mächtigen steht) keine Antwort hat. Jesus kann sich in die *Vater-Formel* fallen lassen, denn darin liegt die eigentliche Metapher des *Genießens*. Die Frau liebt ihn, sie ist voll positiv zu ihm eingestellt. Doch wie soll er ihr jetzt wieder diese *Übertragung*sliebe deuten, wie ihr die ihr selbst ureigentlich zugehörige Genuss-Metapher vermitteln, ist sie doch eine Frau, die nicht so zickig ist, und die sich schon mal einen anderen nimmt. Deswegen ist sie doch angeklagt. Denn so sehr auch die Dreifach-Formulierung die Steiniger überzeugt hat, so ganz geklärt ist die Sache noch nicht.

Schon aus Dankbarkeit war die Ehebrecherin manchem gefällig gewesen und würde sie auch Jesus zu Diensten sein. Ihr Blick sagt: Ich danke dir, ich liebe dich, vielleicht brauchst du mich?. „Nein, ich verurteile dich nicht“, entgegnet Jesus, „ich mag dich auch, aber tu es nicht mehr.“ Auch du bist nicht die *Alle*-Frau (du repräsentierst nicht das, was alle Frauen zusammen repräsentieren würden, wenn man so rechnen könnte). Lacan geht davon aus, dass gerade d i e Frau, von der man glauben könnte, dass sie alle repräsentiert wie z. B. Ödipus Mutter Iokaste (sie war reich, schön, gescheit und noch dazu Königin!) nicht existiert. Das Gleiche

gilt für den in Freuds Buch ‚Totem und Tabu' erwähnten Alpha-Vater-Mann der Urzeiten, der überzeugt ist,
alle Frauen zu besitzen oder besitzen zu können. Nur
Gott ist nämlich – in Lacanscher Libido-Mathematik
ausgedrückt – die ‚zu *Alle* gemachte Frau', also der
universale weibliche Liebesgenießer.

Ich kenne den, dem du huldigst, ich huldige ihm auch,
diesem universalen Genießen, aber ich tue es in der
Form meines mehrfach sich überlappenden *Formel-
Wortes*, könnte Jesus in etwa gesagt haben. Ich verknote
Levitikus, Jeremias und auch noch andere Sprüche zusammen – schließlich muss man doch alles gelesen
haben! – und erreiche damit der *Sohn* genau dieser
komplexen *Vater-Formel*, dieser 3-in-1-Formel zu sein,
also der zu sein, der den Auftrag des *Vaters* hat, diese
Formel auch wirklich umzusetzen. Niemand kann Gott
sein, aber auch niemand alle Frauen haben. In der Ma-
thematik des Genießens müssen wir Gott das *Alle* zu-
ordnen und Mann und Frau das jeweils ihre. Dieses
„Jeweils ihre" kann viel sein, aber eben nicht das *Alle*.
Denn es wird nicht mehr, wenn man mehr Partner in der
Liebe hat. Das ist die wahre Metapher des Genießens
wie sie von der Psychoanalyse vermittelt wird, aber
auch von Jesus damals vermittelt wurde.

I. Kiefer gelangt in ihrem Buch zur gleichen Deutung
dieser Szene. Zwar stellt sie sie in Form eines histori-
schen Romans dar, aber intuitiv und aus einer etwas
überzogenen weiblichen Perspektive vermutet sie richtig, dass die Ehebrecherin vielleicht eine Konventio-

nalehe mit einem Mann, den sie nicht liebte, eingehen musste und deshalb einen Liebhaber hatte.[65] Die gesellschaftlichen Regeln standen wohl den realen zu krass gegenüber, und man durfte sich einfach nicht erwischen lassen. Auf jeden Fall ist Jesu rigorose Einstellung zur Monogamie bekannt und er trifft sich hier bestens mit der Auffassung Lacans hinsichtlich des nicht existierenden Geschlechtsverhältnisses, das ich gerade erwähnte, weil man nichts davon wirklich sagen, *schreiben,* und wahrhaft vermitteln kann. Sex ist einfach nur etwas zwischen Imaginärem und Realem, und ein Symbol gibt es dafür nicht, denn das Phallische ist ein Mangel-*Signifikant*.[66] Etwas anderes ist es mit der Ehe. Sie existiert mehr auf der symbolischen Ebene, und daher entsteht die Schwierigkeit für jede Zeit den Männern neu zu erklären, warum „um nur einer zu genügen, das Leben meist nicht ausreicht", wie Lacan argumentierte.

Was der Autor der Sprüche im Alten Testament also von sich gibt, heißt, dass man den Spagat zwischen den imaginären, symbolischen und realen Ebene schaffen muss, also in etwas Bedeutenderem als im Sinne einer knisternden, einer „leidenschaftlichen Ehe". So nannte einer der bekanntesten Sexualtherapeuten Amerikas sein Standartwerk.[67] Er wird allerdings vor allem den

---

[65] Kiefer, I., Frauen auf dem Weg, Burckhardthaus-Laetare (1996) S. 27-34. Es waren aber wohl mehrere Liebhaber.
[66] Nemitz, R., in Lacan-entziffern.de, Signifikant des Mangels
[67] Schnarch, D., Passionate Marriage, Love, Sex and Intimacy in Emotionally Co-mitted Relationship (2004)

Vorstellungen, Bildern und Gefühlsdramatiken des Imaginären gerecht und nicht dem Unbewussten. Er meint, wenn die Partner sich offen aussprechen, was jeder von anderen beim Sex will, genügt es für die „leidenschaftliche Ehe". Das glaubt Freud und auch Jesus nicht. Sie setzen den Sinn der Ehe hauptsächlich im Symbolisch/Realen an, das Imaginäre ist nebensächlich. Man muss darauf achten, dass die Frauen nicht zu kurz kommen, aber es muss auch sagbar sein.

Deswegen waren sie immer schon die Effi Briests oder die Anna Kareninas, die Frauen, die sich das Verständnis und das Genießen des Lebens woanders suchen wollten oder mussten. Doch dummerweise taten sie dies bei anderen Männern, die ihnen ja ebenfalls nicht gut vermitteln konnten, was es mit dem autochthon Weiblichen auf sich hat. Unbewusst versuchen die meisten die *Alle*-Frau zu sein, anstatt die Eine, die „für den Mann die Stunde der Wahrheit ist, denn sie ist bezüglich des sexuellen Genießens in der Position, die Äquivalenz des Genießens und des Scheins [des Scheinbaren, des Anscheins] auf den Punkt zu bringen".[68]

Und weiter: „Niemand anders als die Frau weiß besser – denn darin ist sie die *Andere* – was vom Genießen und vom Schein [vom Anscheinenden und vom Erscheinungsbild] disjunktiv ist, denn sie ist die Präsenz dessen, was sie weiß, nämlich dass Genießen und

---

[68] Lacan, J., Seminar XVIII, Vortrag vom 20. 11.1971, Übersetzung von R. Nemitz in lacan-entziffern.de

Schein, auch wenn sie in einer Dimension des Diskurses gleichwertig sind, sich dennoch in der Erfahrung (dans l'épreuve) unterscheiden, so dass die Frau für den Mann ganz einfach die Wahrheit darstellt, die einzige nämlich, die dem Schein seinen Platz als solchem geben kann". Wie beim ‚An-sich' gesagt „ist sie doch der Buchstabe selbst, der *Signifikant*, der keinen *Anderen* hat", jedoch nur in dem Fall, wo sie ganz sie selbst ist.

Auch die französische Psychoanalytikerin F. Dolto interpretiert hinsichtlich dieser Problematik die Ehebrecherin-Szene ähnlich treffend. Auch sie weiß, dass Jesu anfängliches „Schweigen, seine Graffiti-Kritzeleien, seine zum Boden gebeugte Haltung, die zeigen soll, dass er niemanden angreift", dazu dient, eine positive *Übertragungs*-Situation entstehen zu lassen.[69] Sie sieht ebenfalls die Steiniger in der Position der Eifersüchtigen, die nur neidisch auf den Liebhaber sind, der das getan hat, was sie auch gerne gemacht hätten: aber sie sind bei keiner so attraktiven Frau gelandet, also drehen sie den Spieß um: da gibt es doch noch das mosaische Gesetz! Da können wir uns doch abreagieren! Und gleichzeitig können wir noch diesen Revoluzzer Jesus dran kriegen, wenn er sich gegen das Gesetz stellt!

Doch sie agieren wie oben zitiert nur im Schein, nur im Scheinbaren, nicht im Symbolisch/Realen, und so haben sie nicht mit der Macht der *Formel-Worte* gerechnet,

---

[69] Dolto, F., L`Evangile au risque de la psychanalyse, tome 2, j.-pierre delarge (1977) S. 81 und 86

mit jenen kompakten, stringenten Drei- oder Mehrfach-Formulierungen, mit einer Art von „linguistischem Kristall", mit dem Jesus gearbeitet hat und die ich in modernerer Sprache wieder aufleben lassen will. Diese Frau sagt euch doch indirekt die Wahrheit – das will Jesus ausdrücken, und das meint auch der Psychoanalytiker Lacan. Freilich hätte sie es geschickter machen können, sie hätte sich wie Maria Magdalena von vornherein Jesus und seiner Gruppe anschließen können, denn bekannt war er ihr schon vorher. Aber nachher ist man immer gescheiter.

Noch kurz eine Erklärung zum Wesen des oben in diesem Kapitel abgebildeten *Formel-Wortes*: Von verschiedenen Buchstaben dieser lateinischen Formulierung aus gelesen ergeben sich unterschiedliche Bedeutungen. Geht man einmal vom M oben links aus, so heißt MENS CIS NO, der Gedanke diesseits, innerhalb von No, vom N ausgehend: NOMEN SCIS, du kennst den Namen, OMEN SCIS N, du kennst das Omen N, CIS NO, MENS, diesseits schwimme ich, oh Geist, ENS CIS NOM, das Ding diesseits von Nom, C IS NOMEN S, hundert dieser Name S, usw.

So unsinnig einzelne der Bedeutungen auch sind, sie sind doch grammatikalisch und syntaktisch normal und sogar auch semantisch in Ordnung. Dadurch kann man sich aber auch an keiner der Bedeutungen festhalten, man muss die scheinbar nichts sagende Formulierung gedanklich wiederholen, reverberiert üben. Ich gehe davon aus, dass auch Jesus eine ähnliche Methodik kannte, was ich versuche mit den Buchstaben AB-BA anzudeuten (auch darin stecken mehrere Bedeutungen, wozu ich noch Stellung nehmen will). Denn die besagte *Vater-Namens-Formel* kann am besten so ausgedrückt werden, dass mehrere Bedeutungen darin zirkulieren, deren entscheidende man in sich und bei ihr selbst finden muss.

7. Lazarus, Maria und Martha

Die gerade zitierte französische Psychoanalytikerin F. Dolto führt uns in der Lazarus Geschichte erneut wieder zur ‚Jesus-Therapie' und seinem ‚Deutungs-Objekt' AB-BA zurück.[70] Sie stützt meine These vom Psychotherapeuten Jesus hinsichtlich fast jeder seiner Handlungen. So sieht sie die Auferweckung des Lazarus (Joh. 11, 1-44) als Ausdruck archaischster, objekthafter *Übertragungen.* Sie geht im unbewussten Seelenleben von Jesus und Lazarus bis zur Phase der frühesten seelischen Spaltung zurück, wie sie durch die Trennung des Kindes eben nicht nur von seiner Mutter, sondern von der Hälfte von sich selbst, nämlich seiner Plazenta, aber auch seiner gesamten Kindheitsumgebung ausgedrückt ist (dies muss man Hand in Hand gehend mit den starken Körper-Eigen-Spiegelungen der ersten Lebensphase verstehen, wie gleich erörtert wird).

Die Trennung vollzieht sich nämlich im Inneren der frühen seelischen Einheit selbst, die erste seelische Einheit ist nur als gespaltene zu verstehen.[71] Von Anfang an hat der Mensch nicht eine Seele sondern zwei, ist gespalten in zwei seelische Ur-Objekte. Von vielen

---

[70] Dolto, F., L'evangile au risque de la psychoanalyse, Bd.1, j.-pierre delarge (1977) S. 138
[71] Lacan, J., L'angoisse, Seminaire Nr. IX, Übersetzung von G. Schmitz S. 80, wo sich Lacan ebenfalls auf die Trennung von der Plazenta als erste Trennung des Menschen von sich selbst bezieht.

Autoren werden das „Erlebnis"- und das „Klang-Objekt" als erste seelische Objekte des Menschen beschrieben.[72] Man erkennt darin natürlich sehr schnell das *Strahlt / Spricht* wieder. Jesus und Lazarus waren als Kinder so eng und innig zusammen wie Zwillinge, wie zwei derartige seelische Ur-Objekte, wie Zwei-in-Eins. Wie AB und BA, Spiegelobjekte.[73] Möglicherweise haben die zwei Knaben ihre Vater- oder Gottes-Figur auch schon mit dem Ausdruck AB-BA gerufen, ohne zu wissen, was es mit dieser *Vater-Formel* auf sich hat.

Lazarus, Martha und Maria waren Geschwister. Auch die Schwestern von Lazarus stehen Jesus sehr nahe, nicht nur in der Kindheit auch später war er dort ständig zu Besuch. Es wird behauptet, dass Martha die ‚vita activa' symbolisierte, da sie sich im Haushalt aufopferte, ständig mit Bewirtung und ordnenden Aufgaben beschäftigt war. Maria dagegen steht mehr für das Wesen der ‚vita contemplativa', also der Mediation und der therapeutischen Bemühungen, die Jesus favorisiert.

---

[72] Maiello, S., Das Klang-Objekt, Psyche Nr. 2 (1999) S. 137-157

[73] Ich erinnere hier auch an die in letzter Zeit erforschten primären Körper-Eigen-Spiegelungen, wie ich sie von der Psychoanalytikerin A. Lemma erwähnt habe. Starke Spiegelungserfahrungen gehen mit Vorgängen in den Neuronen parallel und bilden geradezu erste seelische ‚Objekte' aus. Hier ist wahrscheinlich sogar die beste Schnittstelle für Gehirn und Geist zu sehen.

Deswegen sagt er auch zu Martha: „Du machst dir viele Sorgen und Mühen. Aber nur eines ist notwendig. Maria hat das Bessere gewählt, das soll ihr nicht genommen werden". Mit anderen Worten: analytische Tiefenpsychologie ist wichtiger als das Alltägliche. Dennoch hat Jesus Martha nicht zu kurz kommen lassen.

„Um Lazarus von seiner infantilen Fixierung an ihn zu befreien, um Lazarus von seiner Plazenta, die Jesus repräsentiert, zu trennen, ist Jesus gezwungen, das wieder zu beleben, was es auch bei ihm an menschlicher Fixierung (und gegenübertragungsmäßig zu Lazarus) gibt. Er muss in seiner eigenen Geschichte dahin regredieren, wo sich Lazarus befindet. Jesus muss sich selbst von seiner Plazenta befreien. . . Er bebt, zittert und weint".[74] Jesus muss bis zu diesem *Strahlt / Spricht* zurück gehen, das seine enge Beziehung zu Lazarus darstellt und sie somit in diesem Punkt auflösen! Er muss – wie ich es schon von Benedetti und seinen Geisteskranken zitiert habe – sich zuerst mit etwas von Lazarus identifizieren, Er muss zum „Erlebnis-Objekt" (*Strahlt*) des Ur-Spielkameraden zurückkehren und gleichzeitig das „Klang-Objekt" (*Spricht*) der innigen Zwiesprache auf einer nunmehr höheren, komplexeren Ebene wieder in Gang bringen.[75]

---

[74] Dolto, F., L´evangile au risque de la psychoanalyse, Bd.1, j.-pierre delarge (1977) S. 138
[75] Kaminer, I., Die intrauterine Dimension des Menschen, Psyche Nr. 2 (1999) S. 101-136

Andere (O. Kernberg, S. Mentzos) sprechen ebenfalls von den frühen „Spiegelungs-Erfahrungen" (*Strahlt*). Damit meinen sie, dass auf einer reinen Subjekt-Ebene durch glückliche Erfahrungen mit der Umwelt, natürlich wieder insbesondere mit der Mutter, positive Bilder sich im Kind aufbauen, die rein spiegelnd, bildhaft bleiben. Dennoch sind sie wichtig für das Glückserleben, sie sind eine erste „Selbstrepräsentanz" (Erlebnis-Objekte), wenn auch eine nicht konstant haltbare. Haltbarer werden sie erst, wenn sie sich in einem Gottesnamen, Eigennamen, *Vater-Formel-Namen* wie etwa AB-BA sammeln können („Klang-Objekt", *Spricht*).

Lazarus und Jesus waren also als Kinder zusammen aufgewachsen, sie waren jahrelang Spielkameraden und Freunde gewesen. Mehrmals heißt es bei Johannes Kapitel 11, dass Jesus Lazarus und dessen Familie sehr gewogen war und liebte. Aber während Jesus sich zum Heiler, Rabbi und Propheten ausbildete (wie erwähnt bei den Qumran-Essenern oder auch bei Johannes dem Täufer) und in dieser Profession schon weit gekommen war, hing Lazarus immer noch in dem Weiberhaushalt der „Frauen und Schwestern" herum, ohne Beruf, ohne Perspektive, ohne Vateridentifizierung und fixiert geblieben in diesen primären Selbst-Eigen-Spiegelungen der frühen Kindheit.

Kurz: er war ein heruntergekommener Neurotiker, ein Waschlappen, verwahrlost, verkommen, und litt somit wahrscheinlich an einer „schizoaffektiven" psychosomatischen Erkrankung, an einer dissoziativen oder

Borderline-Persönlichkeitsstörung. Solche Leute ziehen sich oft wochenlang in ihr Zimmer zurück, reden mit niemanden, trinken und rauchen vielleicht, waschen und pflegen sich nicht und fangen zu stinken an oder erstarren, was bis zur Katatonie führen kann. Die Katatonie ist wie schon erwähnt ein Zustand, der oft mit Leblosigkeit verwechselt wird. In so einem sich dramatisch zuspitzenden Moment von Lazarus Krankheit rufen die Frauen nunmehr nach Jesus, von dessen Renommee als Therapeut sie gehört haben und wissen.

Jesus kommt und ruft seinen alten Freund, seinen Kumpel, der kataton (starr, wie tot) und stinkend in seiner Kammer, seiner ‚Gruft' liegt:[76] „Sperr doch auf, komm heraus, alter Kamerad! Komm, mach auf! ABBA verbindet uns doch!" Und tatsächlich, auf die Stimme seines früheren geliebten Jugendfreundes und auf das Losungswort öffnet Lazarus die Türe. Nunmehr kann Jesus ihm die Leviten lesen, erst freundlich und liebevoll, dann mehr und mehr seine Situation analysierend strenger und deutlicher werdend. „Lazarus, du kannst doch nicht so ödipal fixiert an den Rockzipfeln der Frauen hängen bleiben! Du bist doch ein Mann, der eine eigene Frau braucht und nicht wie im Inzest mit

---

[76] Die hebräisch-aramäisch-griechischen Wörter für „Gruft" sind in ihren Bedeutungen variierend. Auch die Stellen Johannes 11, 11 - 16 sind nicht eindeutig. Jesus spricht erst ganz klar davon, Lazarus aus dem „Schlaf" zu wecken. Der Schreiber versucht dies dann zu relativieren, dass der Schlaf des Todes gemeint sei.

seinen Schwestern lebt. Du bist total heruntergekommen, du bist nicht wirklich tot! Du brauchst einen Job, der dich bestätigt"!

Und tatsächlich kann Lazarus sich zusammenreißen und kriecht aus seiner Kemenate heraus. In Johannes 12, 10 heißt es dann auch, dass Lazarus sogar wieder Anschluss an seinen alten Freund gefunden hatte. Hier benötigt man doch nicht die Geschichte einer außergewöhnlichen und biologisch unmöglichen Reanimation eines schon tagelang Toten, wie es manche Orthodoxe behaupten. Die Schreiber der Bibel haben die Geschichte so gehört und damals haben fast alle Menschen so etwas geglaubt. Diese Borniertheit der Kirche ist entsetzlich, wie beim Blinden hat es sich um eine psychosomatische Erkrankung und schwere Persönlichkeitsstörung gehandelt. Die Erinnerung an die glückliche Kindheit, an seinen Hauptfreund, an das gemeinsame ABBA oder etwas in dieser Art, hat Lazarus aber geheilt.

Auch für Martha empfiehlt Jesus eine Weiterführung der Therapie bei ihm. „Der Name Martha ist aramäischen Ursprungs und bedeutet „sie war rebellisch" oder „Herrin". Im Hebräischen trägt der Name die Bedeutung „die Bittere". Es ist nicht anzunehmen, dass Jesus Marthas Arbeit rügte, auch ihre Bewirtung der Gäste nicht. Was er beanstandete, war, dass Martha sich sorgte. Das griechische Wort hierfür heißt περισπάω (perispao) „abgelenkt, geistig verleitet, weggezogen sein".[77]

---

[77] Martha von Bethanien, Wikipedia von 12 / 2019

Für die Therapie musste Jesus nicht selber ständig da sein. Meditationen mit dem Gebets-*Formel-Wort* (AB-BA oder einem anderen) haben genügt. Auf jeden Fall sagt Martha später überzeugt von seiner therapeutischen Kompetenz: „Ja, Herr, ich glaube, dass du der Messias bist". Das war mehr als nur eine *Übertragungs*-Heilung, denn der Begriff ‚Messias' war damals der Garant für Wahres und Wirkliches, so wie es heute die Wissenschaft, die Psychoanalyse oder die *Analytische Psychokatharsis* ist (in der der Bezug zur Jesus-Therapie sich am deutlichsten auszumachen lässt).

In Joh. 6, 45 zitiert Jesus Is 54, 13, worin es wie in vielen anderen Zitaten auch um diese *Vater-Namens-Formel*, dieses ‚Deutungs-Objekt' geht, das Jesus auch manchmal sehr provokativ vorbringt: „Gott vermittelt sein Wort doch in jedem von euch selbst"! „Benutzt es doch einfach"! Psychologisch können wir das auch so ausdrücken: AB-BA, der formelartige Vater-*Name* als solcher, als Prinzip, als Symbolisches, als Symbolisierer, ist immer schon wirksam. Er ist in AB-BA, allerdings mehr in der weiblich-mütterlichen Sprache ausgedrückt, denn so ist es gleichzeitig ein Kosewort.

Er ist sozusagen und psychologisch gesprochen Vater und Mutter zugleich, beide in einer Einheit, ist etwas Bild-Wort-Wirkendes, das sich dennoch nicht in der uns vertrauten Worthaftigkeit herholen lässt und darüber hinaus ein Wesen anruft, das diese Einheit auch als Einheit realisieren soll. „Die seelische Einheit", die – wie gerade zitiert – „nur als gespalten zu verstehen ist", soll und wird bei Jesus eben durch seine Innigkeit, seinen Schlüssel-Namen, einfach zu einer diese Spaltung überbrückenden Ganzheit gedacht. Wir jedoch können dazu eine andere Worthaftigkeit brauchen, nämlich eine wissenschaftlich und psychoanalytisch begründete wie ich sie im Anhang als *Analytische Psychokatharsis* genauer vorstellen werde.

In ihrem Buch „Die Weiblichkeit *Gottes*" findet C. Mulack übrigens eine ähnliche Lösung für das *Vater-Namen* Problem bei Jesus. Sie meint ebenfalls, in der formelartigen AB-BA-Vorstellung Jesu sei der *Vater* mit dem *Weiblichen* eins geworden, was soweit noch eine magisch-mystische Formulierung ist. Man könnte Mulacks Aussage vielleicht dahin erweitern, dass in der jüdischen Religion oft Buchstaben- und Zahlenwerte zueinander in Beziehung gesetzt werden. Analog dazu lässt sich sagen, dass AB-BA etwas Männliches (Zahlen) darstellt, dessen innerer Wert weiblich (Buchstaben) ist (oder umgekehrt).

„Das Mutterzeichen Aleph" – so Mulack – „umschließt das doppelte, durch und durch weibliche Zeichen Beth. Im AB-BA sind also zwei Bewegungen enthalten: zum einen der aus weiblichen Buchstaben entstandene männliche Begriff AB-BA, zum anderen das mit AB-BA beschriebene Väterlich-Männliche, das zum *Weiblichen* geworden ist. Dies zu bewirken ist der Sinn des väterlichen *Gottes*-Bildes, das Jesus prägt", schreibt die

Autorin.[78] Mag die Beweisführung also wissenschaftlich nicht ganz schlüssig sein, auf jeden Fall verweist die Autorin ebenfalls auf eine Art von linguistischem, semiotischen Prinzip, an das sich Jesus hält – oder sollen wir besser sagen: dass er sich an das Beten und Meditieren hält, das sich wie eine treffliche psychoanalytische Deutung durch Verwendung „linguistisch-kristalliner" Aspekte zu einem „guten, konstanten inneren Objekt" entwickelt hat, was in etwa einer Gottes-Gewissheit von damals entspricht.[79]

In beiden Methoden kann man das erhalten, was ich bereits knapp mit dem Begriff der *Pass-Worte* angedeutet habe. Betet oder meditiert man intensiv oder übt man vor allem ein wissenschaftlich begründetes psychotherapeutisches Verfahren, kommt es dazu, dass man das Unbewusste direkter wahrnehmen und unbewusste Gedanken wie von der Ferne oder Tiefe her direkt hören kann. Da es mit der eigenen Identität etwas zu tun hat, spreche ich diesbezüglich auch von Identitäts- oder *Pass-Worten*. Eines dieser Worte, das ich beim Meditieren selbst einmal in mir aufschnappte, lautete: „Gibt's mir schriftlich". Gibt es mir's schriftlich? Gibt ihr's mir

---

[78] Mulack, C., Die Weiblichkeit *Gottes*, Kreuz-Verlag (1992) S. 333

[79] Wenn die Beziehungen zu den psychischen ‚Objekte' (oral, anal, phallisch etc.) gelöst sind, baut sich innerlich eine Art seelischer Reife, Persönlichkeit und wissenschaftsbezogener Kompetenz auf, die das „gute, konstante psychische ‚Objekt' genannt wird.

schriftlich? Gebt's es mir doch endlich schriftlich, ihr, meine Leser? Ja natürlich, ich will es endlich schriftlich haben, was mit mir, meinen Büchern und dem von mir entwickelten Verfahren der *Analytischen Psychokatharsis* letztendlich auf sich hat. Schriftlich, weil das die wahre ‚Jouissance' herbeiruft als das Geschriebene, wie ich es ganz am Anfang erwähnt habe.

Automatisch führt man nach solch einem *Pass-Wort* ein kurzes Selbstgespräch, das jedoch kein banales, bewusstes Alltagspalavern darstellt, sondern eine Therapiestunde, einen wichtigen Gedanken aus dem Off, eine nicht mehr ganz diesseitige Kreativität. Freilich ist nicht jedes *Pass-Wort* eine göttliche Enthüllung, manche sagen einem gar nichts oder man kann sie nicht genügend rational nachbearbeiten. Dies ist oft nötig, wenn es sich auch nicht so schwierig und irrelevant verhält wie bei den meisten Traumsprüchen oder den Weissagungen der Pythia beim Delphischen Orakel. Bei der Traumdeutung muss der Psychoanalytiker meist ganze Traumsequenzen, die sich über Monate hinziehen, bearbeiten, und bei der Pythia waren es die Priester, die – wohl meist in deren eigenen Sinne – die letzte Auslegung der Prophezeiungen von sich gaben. In der *Analytischen Psychokatharsis* lernt man es selbst zu tun.

Oder noch besser: Es sein zu lassen, wie es der bekannte schwedische Schriftseller A. Strindberg einmal als so etwas Identitätsstiftendes aus sich heraus gehört hat. Er hatte sich gegen Ende seines Lebens neben seiner Schriftstellerei zu viel mit Okkultismus und Mystik beschäftigt und geriet in Verwirrung. Er war also in einer regressiven Verfassung, in der man ja zu elementar psychischen Strukturen zurückkehrt, zu *Strahlt / Spricht*, und hörte so die doppeldeutige Phrase: „Lass Es sein". Das sollte heißen, lass die Sache mit dem Okkultismus sein, aber auch, lass Es, das Freud'sche Es (von dem er wohl schon gehört hatte) sein.

Es das sein lassen, was es eben ist, Reservoir der Kräfte, dieses Es muss ja nicht immer bis zum Geht-Nicht-Mehr gebändigt werden, und man muss auch nicht allzu hartnäckig versuchen, es durch Mystik und angeblich verborgene Kräfte in eine geregelte Form zu bringen. Gerade die originelle Doppeldeutigkeit hat Strindberg überzeugt, dass an diesem *Pass-Wort* etwas Gültiges dran ist. Und so ähnlich verhält es sich mit den *Pass-Worten* der *Analytischen Psychokatharsis*, die manchmal etwas rational nachgebessert werden müssen, um ihre Aussage klar zu sichern. Auch hier ist oft eine Sequenz von zwei, drei oder mehr *Pass-Worten* hilfreich. Ich bringe später noch ein Beispiel.

8. Maria und das Nardenöl

Obwohl F. Doltos psychoanalytische Interpretationen des Therapeuten Jesus fachlich hervorragend sind, und auch die von mir dargestellten Frauen-Dialoge zum allgemeinen psychotherapeutischen Verständnis beitragen können, bringen sie doch dem allgemeinen Leser vielleicht nicht so unmittelbar Gewinn. Es hat ja Jesus auch tatsächlich nicht die moderne Psychoanalyse verwendet und so ist es letztlich notwendig, ein *drittes*, neues Verfahren aus dem Ganzen herauszuziehen. Rein strukturell ist Jesus zwar so psychotherapeutisch vorgegangen, real muss er aber eine mehr kompakte, direkte Methode benutzt haben und müssen wir eine solche auch für uns heute finden, denn nur ein Vergleich von damals und heute allein genügt nicht.

Sehen wir uns daher alles nochmals an einem Beispiel an. Als Maria von Bethanien auf dem Haupt und Körper Jesu ein äußerst teures Salböl (Nardenöl) ausgießt, und damit sein Haupt salbt und seine Füße massiert, hat dies wieder ganz ersichtlich amouröse Züge.[80] Nicht nur,

---

[80] Math. 26,6 - 13; Mk 14,3 - 9; Joh. 11,1 - 44; 12,3 - 8. Kurzfassung aller drei Schriftstellen: Maria v. B. salbt Jesus, massiert die Füße und trocknet sie wieder mit ihren Haaren. Teures Öl und Gefäß verschwendet sie in den Augen der Jünger, anstatt es an Arme zu verkaufen. Jesus aber weist sie zurecht. Er behauptet, sie täte dies bereits für sein Begräbnis! Viele Autoren halten die Maria von Bethanien für Maria

dass Maria bekannt ist als eine der emanzipiertesten Frauen des Ortes, es heißt auch eindeutig, dass sie Jesus, und dass Jesus sie liebte, dass er also zumindest deutlich Gefühle für Frauen hatte, insbesondere für solche, die nicht so viktorianisch prüde und zickig sind, was trotzdem nicht heißt, er habe sexuelle Kontakte gehabt! Nicht nur also, dass die ganze Situation verführerisch aussieht, Maria zerbricht auch noch halb absichtlich das wertvolle Alabastergefäß und verteilt den gesamten teuren Inhalt auf Jesus, so dass ein Aufschrei durch die Schar der Jünger geht: „Die teuren Sachen, das hätte man doch den Armen verkaufen können!" Maria geht also aufs Ganze! Sie will ihre volle Zuneigung zeigen, sie will es wissen! Und Jesus ist wieder einmal ganz schön in der Bredouille!

Schließlich will er ja nicht, dass es so aussieht, als sei er wirklich der Liebhaber der Maria v. Bethanien, als habe er ein wirkliches erotisches Verhältnis mit ihr. Natürlich ist Jesus – wie ich schon mehrmals sagte – nicht ein Psychoanalytiker im modernen Sinne, er kann die ganze Situation nicht in eine therapeutische Sitzung umwandeln. Aber trotzdem passiert etwas sehr Ähnliches, und ich bin daher zu einem derartigen Vergleich nach wie vor voll berechtigt, noch dazu, wenn wir den *Formel-Wort*-haften Bezug dabei gut erkennen können. Jesus lässt nämlich zuerst das große, wichtige Gefühl entstehen, das er aus seinem positiven „guten und konstanten

---

Magdalena. Um das Wort erotisch nicht zu überstrapazieren, spreche ich hier von amourös, von übervoller Liebe.

psychischem Objekt" herauszieht. So wehrt er die erotische *Übertragung* anfänglich nicht gleich ab, sondern lässt sie in ihrer ganzen Infantilität zu (Berührungen, Salbenpflege, Streichelgesten etc. stammen aus frühkindlichen Beziehungen und werden so von Maria auf die aktuelle Situation übertragen).

Ja, Jesus bestätigt sogar diese inadäquaten und noch nicht vollkommen verjährten Gefühle: „Sie tut doch Gutes an mir"! Lasst sie doch machen! Erst nachdem sich so die *Übertragungsliebe* voll entwickelt hat, beginnt Jesus ihr die zu ausgeprägt erotische Spitze zu nehmen: „Sie soll mich weiter so salben und pflegen; den Armen könnt ihr noch genug geben, die seht ihr noch oft genug; mich aber habt ihr nur noch jetzt! Warum immer an arm und reich denken, an diese infantilen Lüste! Denkt an die Lust der Liebe, in der wir jetzt hier zusammen sind"! A-BB-A, ELI, oder eventuell auch MIR-J-AM, denkt doch diese Ekstase-Worte, denkt diese formelartigen Liebes-*Worte*, aber nicht nur an die Lust selbst! Denn aus den Lust-*Worten* kann man ganz gute Gespräche ziehen, an Hand der Lust-*Worte* kann man sogar ein therapeutisches Verfahren finden, aber keine in meinem Namen!

Nicht nur nimmt Jesus dadurch der ganzen Situation seine einseitig verführerische Bedeutung, er greift dann auch wieder die „freien Assoziationen" seiner Umgebung auf, die sich genau auf das Verdrängte beziehen, also auf das, was man laut Freud als „infantil-libidinös" aus einer frühen Mutter-Kind-Bindung bezeichnet hat.

,Das teure Salböl! Das wertvolle Gefäß! Mutter, du kannst nicht genug tun, um mir zu beweisen, dass du mich liebst!` Für das Kind kann es nicht teuer und aufwendig genug sein, was zwischen ihm und der Mutter passiert. Es muss ausgeprägt, ja fast bis zu einer Erotik hin ausreichend intensiv, bis zu einer Erotik hin reich an Gefühlen sein, um die Gewissheit der mütterlichen Liebe zu haben. Aus falsch verstandener Mutterliebe wird manchmal zu viel des Guten getan, umgekehrt ist es für die Mutter manchmal tatsächlich zu viel. Kurz: Es geht wirklich nur um Geben und Nehmen, reich und arm in dieser verdrängten und verdrehten libidinösen Beziehung.

Daran ist Jesus nämlich nicht interessiert, er verwendet also wieder die „freie Assoziation" von den Armen und Reichen (ein noch primitives Es *Strahlt*), um nunmehr, nachdem die *Übertragung* (als zu erotische und daher eher störende *Übertragung*, die *Übertragung* als Widerstand, ein primitives Es *Spricht*) auf ihrem Gipfel ins mehr neutrale, positive, wichtige Gefühl gekippt ist, zur eigentlichen Deutung, zur „*Übertragungs*-Deutung" im positiven Sinne überzugehen: „Das Salböl mag teuer, das infantil Erotische mag aufwendig und reich sein, aber stört euch nicht, ihr werdet noch genug Gelegenheit dafür haben. Jetzt bin Ich da (und das heißt mein A-BB -A, BA-BA, mein realer Dialog, und diese Situation ist wertvoll. [81]

---

[81] Damit soll in keinster Weise betont werden, Jesus habe sein ICH so groß gesehen. ICH und evtl. das A-BB-A sind je-

Denn, glaubt bloß nicht, dass es sich hier um eine Verführungsgeschichte handelt, dass hier Pikanterien im Spiel sind! Maria macht das schon richtig, es handelt sich nicht um Sex, sondern um den Tod, es ist nämlich nur für mein Begräbnis, dass sie mich salbt!" Sic! Die Deutung sitzt! Dem Es *Strahlt / Spricht* hat er als drittes Element, als dritten *Signifikanten* den des Realen, den Bezug zum Tod hinzugefügt und es damit in eine besondere und wirksame triadische (Borromäische) Kombination gebracht. Ohne Tod – speziell sogar mehrere Tode im Leben – ist nichts real.[82]

Wie kommt er auf die Idee, dass die Salbung für sein Begräbnis ist!? Ist sein Tod so nah? Spricht er über Nekrophilie? Nein, Sexualität und Tod, das sind nahe Verwandte. Es gibt da etwas Tödliches in der geschlechtlichen Beziehung, nicht nur, weil das Geschlechtswesen jedes Mal im Liebesakt etwas von seinem Körper verliert, es kommt auch nicht ganz dahin, aus der Liebesbeziehung, insoweit das Sexuelle als Männlich-Sexuelles im Vordergrund steht, etwas zu gewinnen! Die Potenz – sagte ich schon – greift nicht

---

doch für ihn e i n *symbolisches Objekt*, EINs, und eben daraus entstehen solche Sätze wie: „Ehe Abraham ward, bin ich". Damit sagt er nur: Ich bin das absolute *Übertragungs*-Objekt, wer eine positive *Übertragung* auf mich hat, aktiviert, aktualisiert alle diese Bezüge der Vergangenheit und der Zukunft und kann sie nutzen.

[82] Um zu wissen, was das Jenseits ist, braucht es mehrere Tode (Krankheit, Selbstzweifel, Trennung etc.) im Leben.

durch, dringt in ihrer Lustform nicht wirklich als Genießen von einem zum *Anderen* durch, so dass beide
danach echt etwas davon hätten, bei sich behielten, als
absolutes, wirkliches, wenigstens etwas länger anhal-
tendes Befriedigungserlebnis, als Psychokatharsis, also
als erlebte Kombinatorik der *Signifikanten*. Denn nur so
bleibt etwas!

Der Eros-Lebenstrieb verrät hier seine enge Legierung
mit dem Todestrieb, würde Freud sagen. Der Schrägstrich (/) zwischen dem Es *Spricht* / Es *Strahlt,* das Reale, ist nicht weg zu bekommen oder zu klären, nicht so,
wie Maria von Bethanien sich das vorstellt, indem sie
einfach aufs Volle geht. Auch nicht dadurch, dass der
Mann einfach seine mehr organhafte Potenz ausspielt
und Maria hier etwas davon nachahmt. Gewiss, die
Psychoanalytiker sagen, den Phallus als Parabel, die
Mächtigkeit als erotische Metapher, all das kann man
nicht unterschlagen, aber „weder Frauen noch Männer
besitzen einen Phallus",[83] sondern es handelt sich um
einen *Signifikanten,* den *Signifikanten* eines Mangels,
das Bild-Wort-Wirkende eines *Nichts,* und nur seine
Deutung im psychoanalytischen Prozess verleiht ihm
einen wirklichen Namen (Sinn, Wahrheit, Realität, Va-
ter-Metapher), im dem die Sexualität auch einen geklär-
ten Bezug zum Tod hat.

---

[83] Gallup, J., in Benjamin, J., Unbestimmte Grenzen, Fischer
(1995) S. 269-279. Sie „besitzen" ihn deswegen nicht, weil
hier der symbolische gemeint ist.

Jesus stößt Maria von Bethanien also nicht zurück, weil sie ihn zu sehr erotisch, männlich, anmacht. Er macht lediglich allen Beteiligten bewusst, dass sie sich in einem *Übertragung*sprozess befinden, Maria in der erotischen, die Jünger in einer idealisierenden *Übertragung*. Sie halten ihn nämlich für einen politisch-religiösen Erneuerer, der sie zur konkreten politisch-religiösen Macht führen wird. Viele Autoren zu diesem Thema der sozialen und politischen Revolution haben Jesus unterstellt, in seinen Bestrebungen speziell darauf gerichtet gewesen zu sein, so zum Beispiel der SPIEGEL Herausgeber R. Augstein.[84] Die Auflehnung gegen die römische Besatzung und gegen die starren, in ihrer Dogmatik verkrusteten Sadduzäer, hat sicher eine marginale Rolle gespielt, aber es war nie Jesu zentrale Intention.

Er sagt ihnen daher, hört doch auf mit diesem infantilen arm und reich! Wir sind doch keine Sozis, keine Sozial-Revoluzzer! Darum geht es erst in zweiter Linie! Arm und reich, das ist die Philosophie des Säuglings, des Kleinkindes. Dem reifen Menschen geht es um Liebe und um nichts sonst. Dadurch gibt er Maria Zeit, ihre zärtlichen Liebesgefühle auszutragen, die *Übertragung* zu einem rein positiven, wichtigen Gefühl hin sich beruhigen zu lassen, und erst dann kommt er mit der eigentlichen Deutung: Eros und Tod hängen eng zusammen, deine Salbung ist eigentlich ein Begräbnisritual, ich werde dir nicht als lebender Liebhaber zur Verfü-

---

[84] Augstein, R., Jesus Menschensohn, Hoffmann und Campe (1999)

gung stehen, sondern begreife doch, dass nur das Bild-Wort-Wirkende – die *Signifikanten* als reale Lust- und Liebes-Worte – lebendig sind!

Wir wissen nicht, was für ein Wort, Bild-Wort-Wirkendes, er ihr da letztlich gegeben hat. Auf jeden Fall aber war es das *Übertragungs-* und ‚Deutungs-Objekt‘ und wahrscheinlich hat Maria von Bethanien daher verstanden, dass sie in Zukunft Liebe nicht durch theatralische Gesten, wie das Zerbrechen eines teuren Gefäßes inszenieren wird. Und sie wird wahrscheinlich auch verstanden haben, dass Liebe nicht darin besteht, sich als Frau das männliche Genießen anzueignen, es dann auszuspielen und an Jesu Körper herumzufummeln. Eher will Jesus zeigen, dass der Sinn seiner Therapie darin besteht, sich mit dem Tod auseinanderzusetzen, das Liebes-Sterben (die Trennung) zu lernen! Durch zwei weitere Beispiele von Dialogen Jesu mit den Frauen werde ich die historische Rekonstruktion dieser ‚Jesus-Therapie‘ noch besser untermauern.

Ergänzend noch einmal kurz die Deutung F. Doltos zu der Geschichte der Maria von Bethanien. Auch sie setzt die Erotik des teuren, wohl-duftenden Salböls in Beziehung zum Geruch des Todes. „Hat nicht Martha von Lazarus gesagt (und Maria hörte zu): ‚Er riecht doch schon!‘ Der Geruch des Todes muss mit dem der Lust besänftigt werden", schreibt F. Dolto. Sie meint, dass Maria und Jesus sich so nahe waren, dass sie seinen baldigen Tod mehr als nur erahnt hat. Das dem Menschen abhanden gekommene ursprüngliche Riechen wird von Dolto (und so ist es auch im NT gemeint) als intensive Ahnung interpretiert (Ich kann riechen, dass es so und so kommen wird). Die Menschen waren damals elementaren Sinnesempfindungen näher als wir heute. Aber während Maria mit dem Salböl vorwiegend nur agiert, spricht Jesus es aus und gibt damit durch diese formelhafte Aussage der Therapie sein Krönungs-Deutungs-*Wort*. Riechst du nicht den Tod in der Liebe und die Liebe im Tod?

Das wahre Genießen hat also einen Bezug zum Sterben.[85] Wir brauchen zumindest die Berührung, die kurzfristige Erfahrung, ein immer wieder Eingetaucht-Sein in diese beiden Ur-Objekte, Ur-Szenen (Freud sprach nur von einer Ur-Szene, die das Kind früh erfährt, wenn es die Intimsituation seiner Eltern wahrnimmt, während es selbst ausgeschlossen bleibt), um von da aus die volle Kraft der Triebe, des Genießens, der großen, wichtigen Gefühl*e* zu haben, um das Leben in seiner vollen Vielschichtigkeit wieder neu anzugehen. Darauf spielt Jesus mit dem Tod an, indem er das *Strahlt* mit dem *Spricht* durch eine starke formelhafte Deutung verbindet. Man könnte im Bezug zur ‚Jesus-Therapie' also auch von einer zweiten Urszene reden, die mit der ersten alterniert.

Es ist nicht nur so, dass die Freud'sche Urszene das Trauma ist, die mit ihr verbundene zweite Szene enthält

---

[85] Lacan, J., Le savoir du psychanalyste, Lacan Archiv, S. 18 und Lacan, J., Séminaire Nr. X, Vortrag vom 29. 5. 63

das große, wichtige Gefühl, das zu verleugnen ganz falsch wäre (wie gesagt hatte Freud sich in seiner Auseinandersetzung mit R. Rolland gegen solche Gefühle gewehrt). Wenn man die beiden Szenen zusammenbringt, käme man zu einer neuen Psychotherapie. Vorerst freilich hängen sie aber genauso wie die zwei ‚Ur-Objekte', diese zwei Ur-*Signifikanten* des Symbolischen, Wort-Wirkenden und Bild-Wirkenden noch in der Luft. Man benötigt also das Dritte, das Triadische, Trinitarische, das wirkend Wirkende, das Reale.

Es ist das, was Wirkung hat, ohne dass man es selbst bewirken kann. Nur ein Ausdruck, ein formelhafter *Name*, kann die reale Spannung zwischen Leben und Tod in Bewegung bringen. Liebe, „Liebe als solche, gibt es nur zu einem Namen", schreibt Lacan, womit er wieder denjenigen Namen meint, der nicht gleich etwas bedeutet, der nichts Fertiges, Vordergründiges sagt. Aber man muss ihn lieben wie ‚La Belle' das Biest (La Béte) lieben musste. Man braucht also so etwas wie das auf Seite 80 im Kreis geschriebene ENS-CIS-NOM. Es sagt nichts, weil es zu viele Bedeutungen in sich birgt, löst aber dafür die eine, wichtige, bedeutende aus dem Unbewussten. Wenn gläubige Hindus ständig ‚Rama Krishna, Rama Rama' rufen, hat dies zwar auch nur eine Bedeutung, nämlich den hinduistischen Gott, aber er vereint alle Bedeutungen, die überhaupt möglich sind. Wir westliche Kulturmenschen heute können damit aber nichts anfangen. Wir gehen den umgekehrten Weg, mit dem Jesus begonnen hat.

9. Simon der Pharisäer

Recht deutlich wird das *Formel-Wort*-Verfahren samt
der Abstinenzregel, wie man es in der Psychoanalyse
nennt (nur das Sprechen gilt, andere Handlungen zwischen Analytiker und Analysand sind ausgeschlossen)
im Falle der „Sünderin" von Lukas 7, 36 -50. Jesus ist
bei einem Pharisäer, einem Freund, aber auch Konkur-
renten, zu Tisch geladen. Eine Frau, offensichtlich wieder eine im Ort nicht unbekannte Dame, kommt auf ihn
zu, weint, benetzt mit ihren Tränen seine Füße, trocknet
sie mit ihren Haaren, küsst und salbt sie. Simon, der
Pharisäer, hat die Frau möglicherweise selbst aus hin-
terhältigen Gründen eingeladen, denn er will, dass Jesus
sich blamiert. Und so denkt er sich seinen Teil: Ja merkt
dieser Jesus denn nicht, wen er da vor sich hat? Ist er so
blöd, dass er eine Sünderin einfach direkt an sich heran-
lässt, wo es doch morgen schon alle Leute hinter vorge-
haltener Hand hinausschreien werden? Da habe ich ihn,
der sich Rabbiner und Prophet nennen lässt, ja trefflich
entlarvt!

Doch Jesus weiß das und begibt sich absichtlich in diese Zwangslage. Die Frau tut alles, um ihm zu zeigen,
dass sie eine kenntnisreiche femme fatal ist, die es versteht, auch noch die verdrängtesten Wünsche wach zu
kitzeln. Sie küsst die Tränen von seinen Füßen weg
(zärtlich, wie es im Bibeltext heißt) und umhüllt sie mit
ihrem langen, aufgelösten Haar. Sie beginnt mit einem
ur-weiblichen Es *Strahlt*, sie eröffnet eine erotische

Übertragung, und wie soll Jesus ihr diese deuten ohne sich als Vertreter des Über-Ichs, des Gesetz-Ichs, aufzuspielen, ohne also die Frau zu brüskieren. Er will ja zudem den anwesenden Simon in seiner rigiden, moralisierenden Haltung nicht stärken, indem er, Jesus, jetzt selber den Pharisäer spielen muss, den er doch sonst so ablehnt? Als modernen, klassischer Psychoanalytiker hätte Jesus die Frau ganz einfach auffordern können, zu ihm in therapeutische Sitzungen zu kommen und ein „Therapie-Bündnis" mit ihm einzugehen, um dann die Lösung im analytisch-deutenden Gespräch zu finden. Aber Jesus muss pragmatisch vorgehen.

Die *Übertragungsdeutung* auf derselben, direkten libidinös-symbolischen Ebene, wie sie dem Therapeuten entgegengebracht wird, ist die einzige, die im psychoanalytisch-praktischen Vorgehen einer derartigen Psychologie eine Entlastung bewirken kann. Auch David Mann, ein Psychoanalytiker aus London, hatte befürwortet, die *Übertragungsliebe*, auch die massivere erotische Form derselben, nicht nur als ein Hindernis für die Behandlung zu sehen, wie dies noch viele Analytiker heute tun, weil sie Angst vor der Mächtigkeit des Weiblichen haben, sondern sie ernst zu nehmen, ihr einen gewissen Wert zu lassen, behutsam mit ihr umzugehen, ja, sie speziell zur therapeutischen Arbeit heranzuziehen.

D. Mann sagt zurecht, dass die erotische *Übertragung* an die tiefsten Wurzeln der Psyche rührt und dass sie das innere Gleichgewicht des Patienten und des Therapeuten ins Wanken bringt und auf diese Weise bedeutende Möglichkeiten zum inneren Wachstum schafft.[86] Er spricht sich sogar dafür aus, dass inmitten der erotischen *Übertragung* zu therapieren die lebendigste Art der Analyse ist. Aber es ist sicher auch die schwierigste und heikelste. D. Mann spricht davon, dass sich viele Therapeuten in einer geradezu „schizoiden Weise" von Liebesgefühlen in der Therapie „distanzieren" oder dass sie in eine „wechselseitige Idealisierung in der mütterlichen Gegenübertragung geraten" nur um das Erotische abzuwehren.[87]

D. h. wir bemuttern, betütteln unsere Patienten-Kinder und stellen dabei die Mutter-Kind-Liebe als das Optimum der Liebe dar. Wir tun, als wären wir Samariter, Theologen oder Sozialarbeiter. Diese „höllischen" Lieben dagegen, diese erotomanische Atmosphäre, diese Liebeslust der Ur-Frauen, spiegeln nur die Angst des Mannes und anscheinend auch manchmal des Psychoanalytikers vor der wirklich emanzipierten, freien und reifen Frau wieder. Schon im Mittelalter wurden diese Frauen als Erotomaninnen stigmatisiert oder verbrannten innerlich in Liebesverzückungen, von der Familie isoliert zu Hause oder eingesperrt in ihren Klöstern.

---

[86] Mann, D., Psychotherapie – eine erotische Beziehung, Clett-Kotta (1999)
[87] Damit ist gemeint, dass die Liebe nicht in ihrer Ur-These, Ur-Form, sondern wie seit jeher im jüdisch-christlichen Abendland etwas ins schuldlos reine, mütterliche, verschoben kommuniziert wird.

Jesus, der also hier nun nicht nur intellektuell deuten kann, muss eine direkte, aktive Intervention wählen, wie man es üblicherweise heutzutage in der Therapie vermeidet, weil eine solche das weiterführende Sprechen des Patienten stören kann und die Annahme einer Deutung eher erschwert. Der Therapeut stützt sich auf die therapeutische Abmachung, auf den Pakt des Gesprächs. Damit aber in diesem Fall die Intervention, das *Spricht,* nicht zu direkt und zu ‚aktiv' ausfällt, wählt Jesus daher auch zuerst ein Gleichnis,[88] er muss sozusagen die „freie Assoziation" wieder einmal zuerst selber beisteuern. Und so sagt er Folgendes:

Ein Gläubiger erlässt dem einen Schuldner seinen hohen, dem anderen seinen niedrigen Kredit, wer von beiden wird mehr Anlass haben, ihn zu lieben? Simon: Natürlich der, dem mehr geschenkt wurde. Kurze Stille-Phase, sodann kann Jesus zur Deutung übergehen: Also Simon, du hast mich nicht zur Begrüßung umarmt, hast mir nicht meine Füße gewaschen, mich nicht geküsst und mein Haupt nicht gesalbt. Du gibst mir wenig und liebst mich nicht, während diese Frau viel gibt und liebt. Ihre Fehler sind ihr daher vergeben, denn wer viel

---

[88] Das Es *Spricht* müsste zu dem von der Frau schon eingeleiteten Es *Strahlt* passen, sonst wird die Deutung nicht angenommen, kann die Therapie nicht funktionieren, daher zur Überbrückung ein Gleichnis. In dem meine Therapie betreffenden Fall war ja das Wort ‚Höhepunkt' schon von der Patientin benutzt worden, ich konnte es also gleichnishaft verwenden.

liebt, dem wir auch viel vergeben – so wie es auch bei dem ersten Schuldner der Fall war. Selbst eine Erotomanie ist nur eine Hochstapelei, ein Treiben in die Höhe, die man vergeben kann.

Warum die Frauen verstoßen, mit denen man eigentlich Mitleid haben müsste? Eine geniale Deutung und Auflösung der *Übertragung*! Warum nicht sagen, dass Jesus ein brillanter Psychotherapeut war?! Gewiss nicht ausgesprochen im Sinne der Freud'schen Wissenschaft, aber eben wesenhaft, von den *Signifikanten* her, von der Methode und der Abstinenzregel her, gleich. Denn hier war wirklich der Eros im Spiel, der Mangel-*Signifikant* Phallus, der nur im Bild-Wort-Wirkenden zu greifen scheint, im Realen aber versagt.

Die Frau spricht nicht über ihre erotischen Neigungen mit Jesus, sie agiert einfach, mit Berührungen, mit wallendem Haar, mit Küssen und zarter Massage. Sie zielt – wenn auch vielleicht völlig unbewusst – auf die männliche Achillesferse, aufs phallische Genießen, darauf, dass Jesus nicht mehr aus kann, ihr seine durch ihre Manipulationen angeregten Gefühle zu gestehen, und wenn auch nicht zu gestehen, so dann doch irgendwie merken zu lassen, dass er sie hat, dass es auch bei ihm *Strahlt*, kurz: ihn in eine ganz schön starke erotisch gefärbte Gegenübertragung zu manövrieren.

Doch Jesus weiß um die Lust an der amourösen Mächtigkeit, um die männliche Sexualität, aber auch um die Lust an den Ekstasen, wie sie etwa die Qumran-Essener praktizieren, die Verzückungen der Meditation. Er weiß auch von jenem anderen, vom weiblichen Genießen, der ‚Jouissance'. Jesus hat nicht nur Maskulinität, er hat auch Femininität. So kann er in der Abstinenz verbleiben. Er musste jetzt aber ganz schnell zu einer Deutung, zu *Formel-* und *Pass-Wort* greifen, um die Situation zu klären, den Phallus symbolisch zu enthüllen und damit zu entzaubern (und auch Gott zu enthüllen und damit zu entdämonisieren, denn was die Frau – wie gesagt unbewusst – möglicherweise will, ist ihn zu ihrem Mann zu machen, der nicht ein kalter, schulmeisterlicher Rabbiner sein soll, sondern ihr Geliebter, der mit ihr leben soll).

Jesus muss nun der Frau das ihr selbst zugehörige Genießen zurückgeben, ihre wahre und ureigene Femininität, um sie auch in der ihr ureigenen Sprache zu fangen, und sie nicht zu verprellen. Da also fällt ihm das *Formel-Wort* ‚Geben-durch-Liebe' in all seinen schillernden Bedeutungen ein, seiner Vielschichtigkeit, seiner Ambiguität. Erst einmal ist da die erotische Bedeutung von Liebe, die zweifellos im Spiel ist, wenn eine Frau mit aufgelöstem Haar und tränenden Auges sich nähernd die Füße eines Mannes umschmeichelt. Dann gibt es da aber auch noch angefangen von der Mutterliebe, die hier keine Rolle spielt, die Freundesliebe, die Höflichkeit, die liebevolle Verbindlichkeit unter Freunden, die z. B. zwischen Jesus und Simon trotz Konkurrenz in irgendeiner Form wohl ja auch bestanden hat, und schließlich die dritte Form, das reine, direkte, wichtige Gefühl, die *Übertragungs-* und Gegenübertragungsliebe in ihrer positiven Form, die „vollständige Liebe".

Ich beziehe mich hier auch auf einen Text Lacans. Mit „vollständiger Liebe" ist nicht das Gerede von der „wahren Liebe" gemeint und natürlich schon gar nicht romantisierte Liebe, Mutterliebe oder Nächstenliebe. Vielmehr ist die Liebe gemeint, die den zu Liebenden in seinem Sein „visiert", durchschaut, erkannt und anerkannt hat und danach ihre Aktivität richtet. Sie ist eher eine Liebe, die sich selbst nicht zu erkennen gibt. Es handelt sich um eine „detached love",[89] was vom Übersetzer dieses psychoanalytischen Artikels mit ‚getrennte Liebe' übersetzt wurde. Ich würde eher von einer losgelösten, abgeschminkten und respektvollen Liebe reden, von einer Liebe, die aus dem Hintergrund, aus einer leichten Distanz heraus wirkt, indem sie sich nicht aufdrängt und nicht so sichtbar ist. Doch exakt dadurch ist sie wirksamer als alles andere.

So verwendete Jesus zuerst einmal die Bedeutung von Liebe als Freundschaft: Grüßen, umarmen, Füße waschen und salben, *Zeichen* der Freundschaft, wo sind sie geblieben, Simon? Wo hast du mich zur Begrüßung umarmt? Wo ist Geben und Fühlen, wo doch schon im Finanzwesen von Gläubigern manchmal Schulderlassungen vorkommen? Wo ist Liebe? Wenn du meinst, ihr Pharisäer seid die richtigen Rabbiner, dann musst du wissen, dass Liebe Vergeben und Vergeben Liebe erzeugt. Und das heißt auch, die Gefühle als solche bei sich behalten, in der Containerfunktion bewahren, rein,

---

[89] Kohon, G., Love in a time of madness. In Green & Kohon: Love and its vicissitudes, Routledge (2005) S. 41 – 100.

ungetrübt, in Schwebe lassend, solange, bis Liebe wirklich Liebe ist. Er sagt das zu Simon gewendet, aber die eigentliche Adresse ist die Frau, die sogenannte Sünderin.

Auch der Psychoanalytiker sagt nicht zu seiner Patientin: „Es ist großartig, dass und wie Sie heute wieder zu mir kommen", denn damit würde er die *Übertragung* auf der Widerstandsseite nur ins Extreme verstärken, d. h. er würde letztlich die *Übertragungsliebe* erhöhen und die eigentliche analytische Deutungs-Lösungsarbeit verunmöglichen. Vielmehr versucht der Analytiker wie Jesus die Äußerungen seiner Patientin auf ein verjährtes, projiziertes, verdrängtes Gefühl zurück zu führen, ein Gefühl, das daneben, das falsch platziert ist. Deshalb wendet sich auch Jesus an den, der eben daneben platziert ist, an Simon, und so gelingt ihm trefflich die Auflösung der *Übertragung*.

Er benutzt Simon als ein Neben- oder Ander-Ich', wie der Psychoanalytiker für seinen Patienten ständig einer Anderer ist (Vater, Mutter, früherer Freund etc.), und so erreicht er die Wahrheit. Die Frau kann ihr Gesicht wahren, und doch wird ihr gleichzeitig klar, dass sie mit ihrem Gefühl nicht in allem richtig liegt. Dadurch, dass sich Jesus erst an Simon wendet, gibt er dem wahren, dem ungetrübten, dem wichtigen Gefühl eine Möglichkeit sich auszubreiten. Als ich in der Psychiatrie arbeitete, erzählte ich einmal einem Kollegen von einem Bekannten, der die gleichen unguten Dinge getan hatte, wie in Patient von mir, der mit anderen auch im Raum stand. Dass er hörte, was einem anderen galt, aber auch ihn betraf, hatte positiv verändernde Wirkung auf ihn. Ihn selbst direkt zu konfrontieren, wäre falsch gewesen.

So kann ein Ander-Ich wirksam sein, denn auch die Frau, die Sünderin, hört ja bereits diese an Simon gerichteten Worte genauso wie sie vorher das Gleichnis gehört hat und alles andere, das schon gesprochen worden ist. Sie kann sich darin halten, gehalten fühlen in einer Form, in der es auch schon ein klares *Spricht* gibt, in einem anvisierten Ziel. Erst als klar ist, dass Jesus aus diesem Gefühl heraus redet, aus dem *Übertragungs*-Gegenübertragungsgeschehen heraus (man könnte hier auch erneut wie dies Benedetti tut, von Gegen-Identifizierung reden).[90]

Aus dem *Formel-Wort* der „vollständigen" und doch gelösten Liebe, der „detached love" heraus, kann Jesus nunmehr zur Frau selbst etwas sagen, sich direkt an sie wenden: bleibe bei deiner Fähigkeit zu lieben! Viel zu lieben ist immer gut, aber bedenke, Liebe ist etwas anderes als ein Vergnügen. Du bist dir nicht ganz bewusst,

---

[90] Benedetti, G., Der Geisteskranke als Mitmensch, Vandenhoeck & Ruprecht (1976). Bezogen auf die Jesus-Szene hieße das evtl., dass Jesus die ‚Sünderin' an den Armen fasst, sie einen Moment lang wie fixiert hält, während er gleichzeitig zu Simon redet. Dadurch identifiziert er sich mit den Liebesgesten, Berührung, Halten, arretiert diese Gesten aber auch, um sie nunmehr als Liebe per se ins volle Sprechen zu überführen, indem er nun loslässt und auf einer letztlichen Deutung insistiert.

was du machst. Weil Mann und Frau eine phallische Phase in ihrer Entwicklung durchlaufen, heißt das noch lange nicht, dass sie damit das Gleiche meinen. Ich bin als dein Liebhaber, als dein Mann nicht geeignet, ich bin Rabbiner mit Leib und Seele, sogar so sehr, dass ich Therapien durchführen kann. Lebe fortan in Frieden!

So interpretiert Jesus die Liebes-Attacke als *Übertragungsliebe*: Ich vergebe dir deine Verführungen, sie waren nicht schlecht gemacht, aber ich lebe in der Spannung der Triade des Symbolischen, Imaginären und Realen, die die *Liebe* in ihren vielseitigen Bedeutungen einschließt (egal wie viele und welche, Hauptsache sie sind disparat genug, um die Gesamtheit der Beziehungen, besser noch der „Beziehnisse" zu erfassen). Da, zwischen diesen *Signifikanten* bewege ich mich herum, lasse den einen gegen und mit dem anderen wirken. Das trägt mich, damit bin ich Tag und Nacht genug beschäftigt, das befriedigt mich, ich brauche keine Frau, die männliche Wünsche stillt.

Wenn ich eine Frau brauche, dann als Frau-*Subjekt*! Das heißt eine, mit der ich in den Dialog eintreten kann über die Frage: was es denn wirklich heißt *Frau* sein, was ist die Wahrheit *Frau*? Diese Frage ist für mich so wichtig, denn sie ist verkoppelt mit der Frage, die mich ebenfalls beschäftigt, was heißt es denn wirklich: *Vater* sein? Weil du für mich ‚*Alle*-Frau' sein willst, muss ich dir antworten mit dem ‚*Ein*-Vater', der *Vater-Formel*, die hinter mir steht, und dann wirst du wissen, was es heißt wirklich Frau sein, *Subjekt* Frau, weiblicher Eros, und das heißt nämlich auch das Genießen des Körpers als solchem und nicht das Genießen des Körpers eines anderen.

Das weibliche Genießen steht diesem Genießen des Körpers als solchem in einer mehrschichtigen, diffuseren, breiteren Form sehr nahe, während das männliche mehr die unmittelbare, apparathafte, isolierte Form darstellt. Es ist aber gerade letztere, die wir wissenschaftlich, psychologisch eher erfassen und mit der man daher zählen kann, während in Mystik und Meditation die erstere eine Rolle spielt. Kein Mann kann alle Frauen haben, Ödipus hat Iokaste für d i e Frau gehalten, die es jedoch für den Mann, wie Lacan meint, nur in der Psychose gibt.[91]

Als der Film „Die letzte Versuchung Christi", in dem Jesus eine sexuelle Beziehung zu Maria Magdalena unterstellt wird, weltweit Proteste der Katholiken auslöste, war man den gleichen lächerlichen Argumenten auf den Leim gegangen, wie denen der Theologen. Klar, dass Jesus keine ständige reale sexuelle Beziehung hatte, sondern eine symbolisch sexuelle, eine, in der offen über alles geredet wird, auch über Peinliches, Intimes und Blödes. Ob Jesus verheiratet war, wie Ben Chorin, der jüdische Philosoph, meinte, der sich für ausgleichende Kommunikation zwischen Juden- und Christentum einsetzte, ist ebenfalls mehr als fraglich, denn die asketische, zölibatäre Haltung war bei den

---

[91] Lacan, J., Radiophonie-Television, Quadriga (1988) S. 61-95

Qumran-Essenern und ja auch bei Johannes dem Täufer verbreitet, und Jesus kam von dort her und nicht von der jüdischen Orthodoxie.

Das Ideal eines asketischen väterlichen Gottes hat es hier bewusst gegeben und Jesus nutzt es als therapeutische Abstinenzregel. Es liegt aber nicht am Filmemacher allein, dass diese Lächerlichkeit einer sexuellen Beziehung zwischen Jesus und Maria Magdalena auftaucht, es liegt eben auch an den theologischen Interpretationen, mit denen man uns die Bibel herüber bringt. Jesus wird permanent enterotisiert, dabei zeigt sich doch eindeutig, dass er selbst für ‚gefallene' Frauen Gefühle hatte, ja vorwiegend für solche aus den unteren Sozialschichten, zu denen auch die Zöllner gehörten.

Freilich hat er diese Frauen, die Zöllner und andere nicht so extrem in die Gegenübertragungsposition gelangen lassen, also nicht dahin gelangen lassen, wo er ihnen nicht mehr auskommen würde als fixiert ans ‚Objekt', wie dies die heutigen Priester und Theologen tun: für sie ist das Objekt der tote Buchstabe, vielleicht noch etwas Weihrauch und ab und zu ein violettes Tuch. Ich empfehle bei der „detached love" zu bleiben. Man muss dann das Ganze nur noch umbiegen in die Liebe zu dieser Art von Wissenschaft, wie ich sie durch eine Gegenüberstellung von heutiger Psychoanalyse und dem Vorgehen von Jesus propagieren möchte.

10. Die Samariterin am Brunnen

Um meine These ein letztes Mal zu bekräftigen, dass wir Jesus als Vorläufer moderner Therapien, ja gar der Psychoanalyse mit ihren praktischen und theoretischen Aspekten, mit ihrer Heilskraft und Metapsychologie, zu sehen haben, kehre ich nochmals kurz zu seiner Methode zurück. Einen wesentlichen Bestandteil seiner Therapie, beweist Jesus gerade im Umgang mit den Frauen, in dem er absolut keine Kastrationsangst kennt und in den therapeutischen Vorgang direkt interveniert. Noch dazu nimmt er solche Frauen unter seine Fittiche, wie etwa Maria Magdalena, die an „Besessenheit" litt,[92] und die man abgesehen von dieser Art Neurose oder Psychose, die sie hatte, ebenfalls immer schon etwas in die Nähe der Frau mit gelockertem Sittenverständnis gerückt hat.

L. Rinser hat dies auf rein mythische Gründe zurückgeführt, woran sicher psychologisch einiges dran ist, nämlich auf den Gegensatz zwischen dem „Heiligen und der Hure", dem möglichst größten denkbaren Kontrast, der auch zu Freuds Zeiten zwischen dem Mann als Herrn und Gebieter, sowie der Frau als Hysterikerin, als Vertreterin des schwachen Geschlechts, gegolten hat. Die Frauen wissen in Form dieser doppelten Diffamierung und Gestresstheit nicht mehr, wer sie eigentlich sind. Als Freud sich ihrer annahm, war ihm nicht daran gele-

---

[92] Lk 8, 2

gen, sie aufmüpfiger, wehrhafter und anspruchsvoller zu sein, sondern nur eloquenter, verbindlicher und enthüllender hinsichtlich der Wahrheit zu wirken. Er hat sie befähigen wollen selbst Wissenschaftlerinnen in eigener Sache, aber auch in Kompetenz für andere zu sein. Genügt dies? Genau dies hatte schon Jesus fast zweitausend Jahre vorher versucht, und noch immer ist die Frau nicht dort angekommen, wo sie wissen kann, was es wirklich heißt, eine Frau zu sein.

Drewermann hat treffend herausgearbeitet, wie zärtlich und liebevoll die Beziehung von Jesus zu Maria Magdalena war, eine Liebesbeziehung zweifellos, eine Beziehung im Sinne starker *Übertragungs-Gegenübertragungs*-Vorgänge. Vor allem in dem Anruf „Mirjam", bei seiner Erscheinung am leeren Grab, ein Ruf, der im griechischen Text sogar hebräisch gefasst ist und der in gefühlsstarken Erwiderung Maria Magdalenas „Rabbuni, du, mein Meister!" gipfelt, sind vertraulichste, liebevoll-intime Züge erkennbar, die zeigen, dass solch ein Verfahren über den Tod hinausreicht. Auch der Theologe K. Berger ist der Ansicht, dass Jesus von den Frauen nur Maria Magdalena mit Vornamen angeredet hat, nur sie hat er so umfassend geliebt und nur ihr im intimeren Sinne vertraut.[93] Und hier zeigt sich noch dazu, dass ein *Formel -Wort* sehr wohl in der Lage ist, therapeutisch zu wirken, nämlich die starke *Übertragung* aufzulösen und trotzdem die Liebe zu belassen.

---

[93] Berger, K., Wer war Jesus wirklich, Gütersl. Verlag (1999) S. 221

Denn Jesus ist bei dieser Begegnung nach seinem Tode nicht real, aber er ist auch nicht nur Erscheinung im Sinne von Einbildung, Halluzination. Er ist genau in dem Sinne Erscheinung, in dem wir in der Psychoanalyse vom „ambigen *Objekt*, das weder Realität noch Irrealität ist" sprechen, weil es zuerst einmal einfach durch die „Autonomie der imaginären Reproduktion" (Spiegelbeziehung zwischen Mutter und Kind, Mann und Frau, ect.) erzeugt wird.[94] Einerseits! Denn Jesus ist hier *Übertragungs-Objekt* auf einer ganz archaischen Stufe, auf der Stufe des unmittelbarsten *Spricht / Strahlt*, auf der Ebene des *Anderen* als solchen, wo der Körper aus seinen Echos heraus geradezu spricht und in einer Art von ‚Vision' fassbar wird, kurz: auf der Ebene eines ganz intensiven, luziden So-*Seins*, das nie ganz vom Therapeuten erfasst und aufgelöst werden kann, aber dennoch bewusst erhalten werden muss. Es ist ein *Spricht / Strahlt*, das sich tatsächlich durch dies intime und doch distanzvolle *Formel-Wort* „Mirjam / Rabbuni" gleichzeitig intensiviert und wieder löst.

Gewiss hat Maria Magdalena kein fixes *Formel-Wort* gehabt, das sie hätte einüben können, und doch, später, nach dieser Begegnung am leeren Grab, hat sie ihr ganzes Leben lang dieses „Mirjam / Rabbuni" verinnerlicht, diese unauflösliche und doch lösliche Wortfolge, die aus den gleichen Gründen wie beim *Formel-Wort* (keine Bedeutung hat Priorität, die letzte Bedeutung muss jenseits der mehrfach gegebenen gefunden wer-

---

[94] Lacan, J., La relation d´objet, edit. Seuil (1991) S. 126- 127

den) intensivierend und lösend wirkt. Maria Magdalena musste dringend die Spitze ihre Liebes-*Übertragung* auflösen, denn ihr Rabbuni-Therapeut war nicht mehr lebendig. Aber auflösen beinhaltet auch, dass sie die *Namens-Formel-* als solche weiterüben kann, dass sie jetzt zu ihren Gefährten gehen und sagen kann: ‚Ich weiß es jetzt, wie es weitergehen wird, ich habe das Wesentliche, die *Jesus-Namens-Formel*, seine übertragene Essenz, sein So- und Da-Sein wiedergefunden. Wir haben es ja immer schon geübt, nämlich wie die Geschichte und das Leben mit Jesus weitergehen wird, jetzt selbstverständlich nicht mehr durch äußerlich-realen Kontakt mit ihm, sondern durch Üben dessen, was er für uns gewesen ist, so wie es ja ohnehin immer schon war'.

Genau diese Interpretation gibt auch J. Dietl-Zeiner, der die Bibel-Stelle am leeren Grab: „Rühr mich nicht an! Denn ich bin noch nicht aufgefahren zum Vater" als falsch übersetzt ausweist.[95] Richtig wäre: „Berührtest du mich nicht, weil ich noch nicht zum Vater fortgegangen bin"? „Damit", so Dietl-Zeiner, „verlieren seine Worte jede unbegründete Überheblichkeit, ja sie klingen sogar liebevoll und zärtlich, so als wollte er sagen: „Früher hast du mich vertrauensvoll umarmt, warum solltest du jetzt Angst haben´?" Warum sollte ich für die, die ich als Therapeut angenommen habe, nicht über den Tod hinaus ein solcher bleiben?

---

[95] Dietl-Zeiner, J., Das kastrierte Evangelium, Ariston (1996) S. 221

Denn Jesus benutzt nicht nur die physische Präsenz des Analytikers als *Übertragung*sobjekt, sondern er ist selbst das *symbolische/imaginäre*, das gelungene, reife, perfekte *Objekt* schlechthin, das auch nach dem Tode oder außerhalb der physischen Gegenwart des Therapeuten erfasst werden kann, weil es für die, denen es gegeben wurde, nie verschwindet und so auch sein Reales, sein wirkend Wirkendes, sein „Mirjam / Rabbuni", zeigt! Damit kann die Psychoanalyse nichts anfangen, denn ein derart ‚ideales Objekt' gibt es für sie nicht.

Was Jesus verwendet, ist die weibliche Sprache, nicht die der Macher-Männer und auch nicht die der radikalen Feministinnen. Die Sprache, die die Situation umdeutet hin zur wirklichen Liebe, die kraft ihrer Potenz wirkt, indem sie das Sexuelle in Schwebe lässt: „wem wenig vergeben wird", wer von vornherein nur Impotenz-Gefühle hatte, so dass man ihm auch nichts vergeben muss, „der liebt auch wenig"! Derartige Deutungen sind dazu da aus einer neuen Sicht, aus der Sicht der Praxis des *Strahlt / Formel-Worte / Spricht* evtl. auch neue praktische ‚Theologik', praktische Logik im Sinne der *Vater-Formel* zu machen. Denn alle Theologen einschließlich Drewermann bieten hier, und das Gleiche gilt auch für die Auferstehungsszene mit Maria Magdalena, nur theoretische Lösungen an.

Während die Theologen bezüglich der Auferstehung kurios-abstrakt sagen, dass das „funktionale Jesuskerygma" sich durch die Auferstehung in ein "personales Christuskerygma umgewandelt habe (der historische

Jesus hat hier einen zeitlosen Christus für alle wieder direkt zugänglich gemacht) und damit die Spekulationen, ob die Auferstehung nun real oder anders zu sehen ist, umgehen, meint Drewermann, man müsse diese Bilder tiefenpsychologisch und theologisch „einfühlbar" und sie in ihrer Gültigkeit zur Deutung menschlicher Existenz evident machen.[96] Trotzdem: Mag Drewermann uns die Bilder noch so einfühlend schildern, sie bleiben Bilder und werden nicht zur Sprache des Realen, die uns direkt etwas sagt, bzw. mit der wir selber das Sagen lernen. Jesus vermittelte sich Maria Magdalena als *Pass-Wort,* mit dem sie ihr Leben lang reüssieren konnte.

Um das Wesen dieser sogenannten *Pass-Worte* für das Verfahren der *Analytischen Psychokatharsis* so wichtigen Wahrheitsgewinnung zu beschreiben, schildere ich nochmals ein letztes Beispiel der Jesustherapie und auch nochmals eines dieser Identitäts- und Enthüllungs-Worte. Es geht um die Geschichte der Samariterin am Brunnen, die Jesus um Wasser bittet. Auch sie ist wieder eine dieser unglücklichen Frauen, die für anrüchig oder persönlichkeitsgestört oder gar wahnsinnig angesehen werden. Paradebeispiel dafür ist – wenn auch aus späterer Zeit – das Schicksal ‚Johanna der Wahnsinnigen‘, die nach den neuesten Recherchen von M. F., Alvarez gar nicht wahnsinnig war, und somit eigentlich

---

[96] Drewermann, E., Die Botschaft der Frauen, DTV (1997) S. 221

die Unglückliche heißen müsste.[97] Der Autor schildert
sie als liebe- und reizvolle Frau sowie als zerstörte
Königin, mit einem Schicksal in den höchsten Höhen
und intrigantesten Tiefen. Ihr Vater, König Ferdinand
von Aragón, und andere hofherrliche Potentaten, Mus-
ketiere und Politstrategen haben sie nicht hochkommen
lassen als sie selbst Königswürde erhielt, und sie selbst
war zu sehr in die weibliche Vielschichtigkeit verwo-
ben. Monatelang karrte sie in einem Bleisarg ihren früh
verstorbenen Mann, Philip den Ersten, durch halb Spa-
nien.

Der Samariterin am Brunnen ist es jedoch besser ergan-
gen. Zwar hat auch sie – wie bei einigen in den Vorka-
piteln geschilderten Fällen – schon viele Männer gehabt, und der, mit dem sie gerade zusammenlebt, ist
nicht der ihre![98] Wieder steht eine, die man doch besser
als Unglückliche bezeichnen kann, als Protagonistin vor
Jesus, Auge in Auge, eine Frau, ein Mann und zwischen
ihnen der Brunnen. Der Mann will etwas von ihr, er will
zu trinken haben, aber sie kennt das! Immer schieben
sie erst etwas anderes vor, und dann wollen sie doch nur
das Eine! Er durchbricht sogar die Schranken des An-
stands und redet als Jude mit einer Samariterin!

Schließlich faselt er etwas vom „lebendigen Wasser",
der er ihr geben will, worauf sie nur noch höhnisch und
argwöhnisch kontern kann: „Du hast doch nicht einmal

---

[97] Alvarez, M. F., Johanna die Wahnsinnige, Beck (2008)
[98] Johannes 4, 4-42

ein Schöpfgefäß und der Brunnen ist tief! Beweis doch, wie du Wasser lebendig machen kannst!" Jetzt ist es höchste Zeit für Jesus die „gesättigte Deutung" zu bringen.[99] Das Es *Strahlt* / Es *Spricht* ist erreicht, der vorbereitende Dialog hat die Basis geschaffen. Die Atmosphäre ist locker/gespannt bis milde aufregend. Aufregend, nicht erregend, das ist die Erotik der Frau! Jetzt will sie`s wissen, also ,Phallus`, jetzt zeig, dass du nicht Symbol einer Lust, einer Macht, der Formel Begehren/Genießen bist, sondern Symbol der aufregenden Liebes-Wahrheit sein kannst! Dreh den Spieß um!

Und Jesus sagt: Wo ist dein Mann? Ach, du lebst in wilder Ehe?! Da gibt es anscheinend einen Durst bei dir, der immer wieder gestillt werden muss, und dann gibt es da auch noch ein Stillen, ein endgültiges Stillen, ein wirkliches Gestilltsein-Wollen. Das wahre, auf das es ankommt. Jesus verfährt mit dem Wort ,Stillen` wieder in seinen verschiedenen Bedeutungen und Platzierungen und erreicht schon dadurch die halbe *Übertragungs*-Deutung. Denn jetzt sind sie beide Figuren, die gestillt werden wollen, aber vorerst braucht Jesus das Wasser aus dem Brunnen gar nicht mehr. Er kann jetzt von dem Begehren reden, um das es bei der Frau, der Samariterin geht, aber um das es auch sonst überall geht. Denn dieses Begehren, dieser Durst ist es ja eigentlich, der durch Liebe gestillt werden muss.

---

[99] Nochmals: Die ungesättigte Deutung betrifft nur das sachlich Erzählte, die gesättigte Deutung das Zutreffende in der Übertragungs-Beziehung.

Nachdem Jesus zu Recht vermutet hat, dass die Samariterin mehrere Männer hat oder hatte, fühlt sie sich durchschaut. Doch es war nicht schwierig sie zu durchschauen, denn eine, die so schnippisch, lasziv und süffisant redet, ist eine Neurotikerin, die sich mit dem Männlichen identifiziert und daher glaubt, sie müsse auch so ein Verhalten zeigen wie es die Männer haben, frech, provokant. Nun hat es genügend „freie Assoziationen" gegeben, jetzt kann Jesus schon einmal wieder zu deuten anfangen: „Musst du dir, um dein Verlangen nach einem universalen Mann, nach – so könnte man doch sagen – einem Gott von Mann, zu stillen, nicht immer wieder einen neuen suchen? Viele hast du schon gehabt, und jetzt wieder lebst du in wilder Ehe! Den universalen Mann, diesen göttlichen Typen, den *Alle-Einen* hast du doch in dir selbst.

Lies doch mal nach in den Schriften, dass man „in Geist und in Wahrheit" und nicht als physisches Wesen den *Anderen* suchen muss! Den *Anderen,* die göttliche Formel, in sich! Du betrügst dich doch selbst, du betrügst dich und den Mann, mit dem du lebst, immer wieder mit einem universalen *Anderen*, den es nicht gibt, jedenfalls nicht ausschließlich außerhalb von dir! Gib doch diese typisch weiblichen Phantasien nach dem Mann als Ganzem, nach diesem Super-Herrn, nach diesem Top-Guru auf. Dieser *All-Eine* ist in dir, sprich mit ihm! Hol dir doch dieses letzte Gestilltsein"! Diese Worte – auch wenn sie von mir jetzt gegenüber dem Originaltext im Neuen Testament erweitert wurden – kamen aus dem Bauch heraus, potent, Jesus hat gehalten, was der Phallus als symbolischer versprochen hat, nämlich einen spannenden Dialog, ein reales Schauspiel.

Und natürlich hat er Recht! Der echte Freudianer Jesus hat ihr klar den Freud'schen Penis-Neid analysiert, wäre dieser Begriff nicht so schlecht und unglücklich gewählt, für die Etablierung der Psychoanalyse war aber eine derartige Sprache anfangs wohl notwendig. In Wirklichkeit ist exakt jener typisch weibliche Neid auf etwas gemeint, das beim Mann durch eine männliche Begehrensstruktur entsteht: eine gewisse Dynamik, die die Spaltung zwischen dem Begehren, die Welt zu erobern und dem rein phallischen Begehren ins Gleichgewicht bringen muss. Es ist ein Neid auf den ‚transzendentalen Phallus' – wenn ich es einmal so verrückt sagen darf – ein Neid, den die Frau gar nicht haben müsste, denn am Kastrationskomplex leiden doch beide Geschlechter gleichermaßen, weil sie beide das Mangel-Phallische kennen! Der Mann glaubt es zu haben, die Frau glaubt es zu sein, anstatt dass beide es im übertragenen Sinne aussprechen und leben. Das ist eine Tatsache, die, erkennt man sie nicht, immer in der Form des Tragischen erneuert werden muss.

Die Frau geht ins Dorf zurück und holt alle Leute. Sie hat verstanden, dass es unsinnig ist, immer wieder nach einem Gott von Mann zu suchen. D e n, diesen universalen E r, diesen Dynamik-Mann gibt es zwar, und er steht ja gerade als ein jüdischer Weiser, als ein wandernder Chevalier, als ein Herr höherer Ordnung vor ihr. Aber er wird meist verkannt, fast immer sind es ausgerechnet die Gesetzeshüter, die großen Moralisten, die ihn verfolgen und schließlich umbringen oder die Feministinnen, die ihn abwerten wollen. Denn die Menschen klammern sich immer an die Gesetzmäßigkeiten, von deren tödlicher Routine und Starrheit sie sich nur immer wieder durch das Tragische, durch eine Tragödie befreien können. Es sei denn, sie fangen bei sich selbst an, die wahren Gründe zu suchen. Das Gesetz, in dem die Samariterin eingesperrt ist, ist nicht nur das ihrer hysterischen Neurose und der Minderwertigkeit der Samariter gegenüber den Juden, es ist eben auch das gleiche, das auch bei Johanna der Unglücklichen vorherrschte: das der selbsterwählten Potentaten, Staats- und Religions-Dogmatiker, die das Königliche in der Frau nicht erkennen, oder die militanten Suffragetten, die über die Männer herrschen wollen.

Es ist auch das Gesetz, indem der Brunnen, an den die Samariterin mit Jesus spricht, ausgerechnet der Brunnen Jakobs ist, des Urvaters und seiner starr gewordenen Verehrung. Es ist ein besonders stark mit Bedeutung aufgeladener Brunnen, aus dem man Kraft schöpfen könnte, würde man das Wesen, die Biographie und die Schriften dieser alten Zeit kennen und daraus eine eigene, neue Religion formen. Doch der Brunnen wird nur traditionalistisch verehrt, nur rigide konserviert ausgeschöpft. Eine Frau könnte diese starre und überholte Gesetzmäßigkeit nur aufbrechen, indem sie diese urmännliche Patristik in Frage stellen würde. Und das tut die Samariterin ja auch, nur nicht in der richtigen Weise.

Und so wird Jesus wieder mit einem *Formel-Wort*, dem des *Wassers,* des Urliquiden, des Sprudelnden und gleichzeitig altehrwürdigen (aus Jakobs Zeiten stammend) arbeiten. Zwar hat Jesus nicht Lacan gelesen, aber er weiß, dass die weibliche Libido bei den Frauen innerlich kreist, und dass das Frausein ganz stark von dem „fließenden Rhythmus" bewegt wird, dem Fluss der Gezeiten ihrer Fruchtbarkeit und der Schwangerschaften, der Menstruation und der Gabe der Brust im Stillvorgang und vieler Gefühle, die an das ‚lebendige Wasser' erinnern. Während beim Mann die Libido nach außen drängt, zirkuliert sie bei der Frau mehr im Inneren, was ihnen eine innere Festigkeit verleiht, auf die sich nunmehr ganz intensiv der männliche Neid bezieht. Diese Festigkeit ist nämlich nicht nur ein Kreis, sondern ein Ring, der umfassend und verbindend ist, wo immer solch ein Miteinander gebraucht wird.

Der Nicht-Nur-Mann Jesus, der Therapeut-und-Mann, der universale Einfach-nur-Mensch, hat ihr den „fließenden Rhythmus" wiedergegeben, das ‚lebendige Wasser', die weibliche Potenz, und hat so den Glauben und das wichtige Gefühl für die Dinge in ihr wieder erweckt. Er hat das Wasser des Jakobsbrunnen, das erquickende Trinkwasser in der Tiefe und das der zirkulierenden Libido in den *Signifikanten* einer universalen Quellsubstanz zusammen- und aufgehen lassen. Dieser scheinbare *All-Eine*, dessen Worte wie Wasser lebendig aus ihm heraussprudelten, hat die Samariterin damit belebt, so dass sie dieses Leben nun selbst weitergeben kann. Denn genau gesagt, hat er ihr nicht das lebendige Wasser gegeben, es hat das ihre in ihr wieder zum Leben gebracht, zum weiblichen Genießen, das Höheflüge kennt, aber auch Leid ertragen kann.

Denn zum Schluss „glaubten viele der Samariter an ihn wegen des Wortes der Frau". Nur sie war es nun, die die Männer überzeugen konnte. Oft leiden die Frauen an zu vielen Gefühlen. Sie sind dem „frühen seelischen Erleben" stets nahe, dem ‚Oralen' z. B., dem Assimilieren, das Ausschütten und wieder Einsaugen bedeutet, dem Atem der Natur und den erwähnten Strömungen, Quellungen des Es *Strahlt / Spricht* in seiner mütterlich-weiblichen Primärform. Nur, sie verstehen oft nicht es gänzlich in eine gute übergeordnete Theorie zu bringen, in ein gutes Übungsverfahren umzuformulieren, in dem das *Spricht / Strahlt* mit einem *Formel-Wort* kombiniert ist und alles diskursiv regelt. Die Samariterin am Brunnen aber hat es nun gelernt und konnte es verkünden.

Sie wird nicht mehr auf die Männer hereinfallen, die mit ihrem Protzgehabe Probleme machen und so tun, als wüssten sie alles. Es gibt es Bücher, in denen z. B. diese Geschichte mit der Samariterin rein im abgehobenen Symbolismus theoretisiert wird (Brunnen: weiblich, Frau: Trieb, Jesus: Geist etc.).[100] So etwas Gegenstandsloses und Praxisfernes kann man den Frauen nicht er-

---

[100] Kurch, E., Klartext, Tebbert (1995)

zählen. Es existiert aber auch feministische Literatur, in der die Samariterin Jesus beibringt, was weiblicher Eros ist:[101] ‚Der arme Kleine, der hat wohl noch keine Frau gehabt, die Samariterin wird es ihm schon zeigen, was das hieße, wirklich *Frau*! Da würden ihm die Ohren klingen, ihm, der nicht einmal ein Schöpfgefäß hat, so ein rundes, schönes, aufnahmefähiges Ding, wie wir Frauen es alle haben'!

Diesbezüglich könnte man sich noch eher an die tiefe und extreme Religiosität S. Weils halten, die schreibt wie Jesus sich selbst der Göttlichkeit entäußert hat, nicht wir müssen dies tun.[102] Wir dagegen, sagt sie, „sind dem unterworfen, was nicht existiert".[103] Dem Nichts. Der Unmöglichkeit von Wissenschaft/Glauben. Damit liegt sie genau auf der Linie, die auch ich verfolgen möchte, aber durch diese Unmöglichkeit muss man erst hindurch. Doch wie? S. Weil gibt uns keine Anleitung, keine Praxis. Ihre großartigen Erkenntnisse opfert sie schließlich, wo sie doch Jüdin ist, sozusagen am Ursprung des Glaubens, der katholischen Konfessionalität. Sie hätte eine neue Theologie begründen können. Die Samariter haben es jedenfalls durch die Frau aus ihrer Mitte gelernt, alle konnten sie schließlich das *Vater-Formel-Wort* Jesu übernehmen und damit umgehen. Damit kann ich ein kurzes Resümee ziehen.

---

[101] Mulack, C., Die Weiblichkeit *Gottes*, Kreuz (1992) S. 288-293
[102] Weil, S., Cahiers II, Paris (1972) S. 118
[103] Weil, S., Cahiers I , Paris (1972) S. 188

Durch die therapeutischen Gespräche im Neuen Testament wird uns Jesus menschlicher, aber auch in seinem Wissen und seiner Weisheit verständlicher und vermittelbarer. Dabei muss ich zu Fragen der Göttlichkeit nicht Stellung nehmen. Die göttliche Natur des christlichen Religionsstifters habe ich ebenfalls von der Seite der Psychoanalyse her in dem erwähnten Buch ‚*Signifikant* gott?' erörtert und sie unbeschadet so stehen lassen wie sie ist, also nicht unbedingt von der Kirche vereinnahmt, aber doch religiös. In diesem Sinne und aus diesem Grund habe ich ja zu einer universalen Formulierung Zuflucht genommen und ein *Spricht / Strahlt* als Grund-Formulierung für eine Wissenschaft v o m Subjekt herausgearbeitet.

Irgendwie habe ich immer wieder andeuten müssen, dass das wahre Genießen gerade in der Kompaktheit einer Formulierung liegen müsste, in der man mit einem *Spricht / Strahlt*, d. h. mit einem fast Nichts denkt, mit einer kompakten, verdichteten Formulierung *schreibt* wie etwa Jesus dies mit dem *Vater-Namen,* der *Vater-Nemens-Formel*, getan hat. Vielleicht speziell dem, den er AB-BA nennt, aber vielleicht auch einem anderen. Viele Autoren haben sich mit Deutungen dieses Wortes beschäftigt und es als kindliche und gebetshafte Anrufung des Vaters oder Gottes aufgefasst. O. Schwankl bezeichnet es als eine Art von Losungswort Jesu, das „als Schlüsselerlebnis" und als „Kern der Jesus-Bewegung" zu verstehen sei. Ich verstehe das AB-BA ebenso einerseits als ein aramäisches Kosewort für Vater, aber eben auch als generelles Schlüsselwort für Jesu therapeutisches Vorgehen, wie es C. Mulack angedeutet hat.

Es würde gut zu dem gerade über das „Deutungs-Objekt" Gesagten passen, d. h. also, dass es für Jesus wie ein *Vater-Formel-Wort* gewirkt hat und ja auch direkt diesen typischen „linguistischen Kristall" - Charakter hat, AB – BA. Erinnert dies nicht an Moses' E-hyeh Asher Ehyeh (ich bin, der ich bin), dieses spiegelartige, fast wie ein Palindrom aufgebaute Offenbarungswort? Auch dies war doch für Moses ein ‚Deutungs-Objekt', denn es bedeutete ihm die eigene Gotteserfahrung. Nicht der hebräische Gott, der ja noch gar nicht der Volksgott Jahwe war und auch nicht Gott-Pharao, bei dem er aufwuchs, sondern eben s e i n Gott, d. h. seine persönliche Offenbarung, die mit einer Gewissheits-Erfahrung einherging.

Ich sehe hier vor allem die trinitarisch psychische Einheit, die durch Jahwe, Pharao und den midianitischen Gott von Moses Schwiegervater wie ein funktionierender Borromäischer Knoten bestimmt ist. Sie hat – konflikthaft in ihm rumorend – zu seinem prophetischen Auftrag geführt. Aber weder die jüdische noch die christliche Religion kann diese Echtheit mehr vermitteln. Ich versuche es nun mit einem eigenen, neuen, übergreifenden Verfahren, das die Geschichte der Gespräche von Jesus mit den Frauen, aber auch die Psychoanalyse Lacans einbezieht.

Anhang

Im Haupttext habe ich bereits mehrmals auf das Verfahren der *Analytischen Psychokatharsis* hingewiesen. Ich habe die *Formel-Worte* erwähnt, die im Zentrum dieser Methode stehen, und von denen ich angenommen habe, dass auch Jesus etwas Ähnliches (z. B. das A-BB-A) für seine Meditationen verwendet hat, bevor er mit wenig über dreißig Jahren in die Öffentlichkeit getreten ist. Ich habe gesagt, dass Gebete immer schon zu viel an Sinn und Bedeutung (Bitten, Beschwörungen etc.) mit sich führen. Erhört wird im Unbewussten nur das, was am Rande des Sprachlichen, des nicht gerade Unsinnigen aber eines doch ohne direkten Sinns, steht. [104] Die *Formel-Worte* erreichen dies umgekehrt durch mehrere in sich verschachtelte Bedeutungen, so dass sie – meditiert man mit ihnen – das Unbewusste provozieren den eigentlichen, eigenen, identitätsstiftenden Sinn herauszugeben.

Ich zeige erneut den Aufbau des schon auf Seite 76 und hier nochmals dargestellten, im Kreis geschriebenen *Formel-Wortes*. Das lateinische A DEO VISU heißt „Von Gott durch das

---

[104] Ich gehe davon aus, dass Gott in jedem Menschen zwar nicht bewusst, aber doch mit Sinn vorgeformt, auch in der Art eines *Strahlt/Spricht* antworten kann, während der/das *Andere* im Unbewussten unmittelbarer und enthüllender reagiert.

Schauen", gelesen als VISU ADEO heißt es aber „Durch das Schauen gehe ich es an" und schließlich heißt SUADEO VI (wenn man also das Ganze einfach vom Buchstaben S aus liest) „Mit Tatkraft überzeuge ich". Auch noch andere Bedeutungen stecken darin, so z. B. DE OVIS „Vom Schaf" oder DEO VI SUA, „Durch Gott mit ihrer Kraft". Im Grunde ist es egal, was die drei (oder mehr) Vorstellungen, Bedeutungen, rein aussagemäßig, expletiv, darstellen. Oft sind sie sogar unsinnig, was ja wie beim Unsinn des Traums zur Enthüllung des Unbewussten förderlich ist. Auf jeden Fall sind die Bedeutungen so weit voneinander entfernt, dass sich kein einheitlicher Sinn herauslesen lässt, den muss erst das Unbewusste – und zwar in Form der ebenfalls schon genannten *Pass-Worte* – geben.

Das Verfahren der *Analytischen Psychokatharsis* ist von seiner praktischen Seite her sehr einfach. Trotzdem noch eine kurze Zusammenfassung und weitere *Formel-Worte*. Letztere werden, nachdem man sich in bequeme Sitzhaltung gebracht hat, stumm, also rein gedanklich, fast monoton, langsam hintereinander wiederholt. Ein, zwei oder bis zu fünf *Formel-Worte* sind sinnvoll,[105] während man gleichzeitig darauf achtet, ob etwas auftaucht, das den Charakter eines ‚Es *Strahlt*‘ hat. Bei dem „Strahlt" kann es sich um eine Erhellung, Körper-

---

[105] Weitere *Formel-Worte* sind in anderen Veröffentlichungen oder auch auf der hinten angegebenen Webseite zu finden. Vorerst genügen die hier erwähnten. Mehr als fünf sollte man nicht benötigen.

bild-wahrnehmung, ein Schimmern, einen ‚Lichtpunkt‘ oder eine grundlegende Lumineszenz, Luzidität handeln, dem eben solch ein Phänomen zukommt. Das *Strahlt* ist also nicht etwas, das man selbst imaginieren, erzeugen oder gar erzwingen muss. Es ist in jedem Menschen als Primärform eines Kräftegeschehens vorhanden und muss so nur geweckt oder erwartet werden. Genauso kann aber auch ein ‚Durchrieseln‘ zu spüren sein[106] oder die Empfindung auftauchen, wie sich das eigene Körperbild verschiebt, sich weitet oder es einfach nur als schwarze Farbe, als Fleck vor den geschlossenen Augen festzustellen ist. Denn schwarz ist schon eine Wahrnehmung, die sich von der Dunkelheit im Kopf ganz gering abheben kann. Egal was auch immer ‚gesehen‘ oder erfahren wird, es wird den Charakter von einem auch nur ganz geringem ‚Es *Strahlt*‘ haben, und das genügt.

Dadurch tritt eine Entspannung ein, eine Katharsis, ein Befreiungserleben, das besonders dadurch gesteigert werden kann, wenn gleichzeitig die besagten *Formel-*

---

[106] Damit ist eine Erfahrung gemeint, die etwas mit atavistischen Gefühlsreaktionen zu tun hat. Die Frühmenschen haben noch viel mit ihrer unbedeckten Haut gefühlt, ertastet und umweltbezogen kommuniziert. Auch bei bewegenden Musikstücken, wenn es einem wie einen durch einen den Rücken herunterrieselnden Schauer erfasst, greifen wir auf diese eben besonders tief gehenden Emotionen zurück. In der Analytischen Psychokatharsis wird diese Erfahrung jedoch als Bestätigung einer Erkenntnis genutzt z. B. bei den *Pass-Worten*.

Worte rein mental geübt werden. Links unten ist nochmals ein weiteres *Formel-Wort* dargestellt. Auch dieses (RA-DIC-IT) ist kein normales Wort aus dem Lateinischen, aber es beinhaltet mehrere sich überschneidende Bedeutungen in einer Formulierung, es ist ‚linguistisch kristallin' aufgebaut. Außer dem radiat und dicit (Strahlt und Spricht) ergeben sich im Kreis geschrieben und von verschiedenen Buchstaben aus gelesen mehrere disparate Bedeutungen.

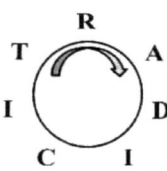

So kann man hier z. B. auch „adi cit r" (geh heran, es bewegt R) „C i tradi" (hundert I übergeben), „citra di" (diesseits die Götter), „dicit ra" (es sagt ra), „r adic it" (füge r hinzu, es geht), „radi cit" (gekratzt werden, es bewegt sich), „trad ici" (erzähle, ich habe getroffen) etc. herauslesen, wobei vieles recht unsinnig klingt. Dies hat jedoch für den formalen Ausdruck keinerlei Bedeutung. Ausschlaggebend ist nur, die wissenschaftliche Begründung (mehrere Bedeutungen in einer Formulierung, Verwendung nur anderer Schnittstellen, B(r)uchstaben)[107] klar darlegen zu können, und

---

[107] Oudee Dünkelsbühler, U., Zeugnis und Schrift: B(r)uchstaben an der Couch, Les Etats Généraux de la Psychanalyse (2001). Der Begriff B(r)uchstaben erscheint mir eine ideale Formulierung für diese zerstückelte Schreibweise der *Formel-Worte* zu sein, indem sie „Buch" (Lettern, *Spricht*) mit „Staben" (Linien, *Strahlt*) genau durch das ihnen eigene Element trennt und verbindet.

dies ist für das Verfahren sehr wichtig, weil man nur so volles Vertrauen in die Methode haben kann.

Dies ist die erste Übung, die auf tatsächlichen Vorgaben der Psychoanalyse beruht, weil durch das mentale Reverberieren eine Regression (ein innerlicher Rückzug) erzeugt wird, die sich gleichzeitig nur auf einen eingeengten Aspekt des Wahrnehmungs- bzw. Schautriebs konzentriert (das *Strahlt).* Zudem setzt sich die *Formel-Wort-*Wiederholung an die Stelle dessen, was man in der Psychoanalyse den Wiederholungszwang, das unbewusste Wiederholen nennt. Dieses wird zumindest solange aufgehoben, wie die Übungen der *Analytischen Psychokatharsis* wirken. Dadurch wird eine wesentliche Hürde der klassischen Psychoanalyse vereinfacht und vermindert. Wichtig ist, dass es zu einer Katharsis kommt, zu einer Befreiungserfahrung und nicht nur zu einer simplen Entspannung.

Auch was andere Therapieformen und deren Probleme angeht, kann in der *Analytischen Psychokatharsis* meist vereinfacht umgangen werden. Es genügt nämlich nicht mehr, einfach einem Therapeuten oder Meditationslehrer zu glauben und seinen einfachen Anweisungen zu folgen. Man muss heutzutage auch verstanden haben, dass das Verfahren wissenschaftliche Grundlagen hat und man mitdenken kann und soll, damit nicht in tieferen Momenten der Übungen Abhängigkeiten von der Ideologie der Methode, vom Lehrer bzw. Therapeuten oder irrationale Ängste auftreten. Das *Strahlt* (das Kristalline, Spiegelnde) der kathartischen Erfahrung ist also aus der Grund-

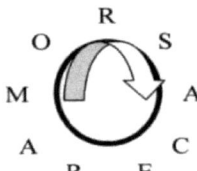

kraft des Wahrnehmungstriebs abge-
leitet. Es ist somit etwas, das in jedem Menschen originär vorhanden
ist, genauso wie das *Spricht* (das
Linguistische, Verlautende).[108]

Nach dem R-A-D-I-C-I-T kann nun
auch das *Formel-Wort* O-R-S-A-C-E-R-A-M hinzuge-
nommen werden, denn sollte jemand wirklich Interesse
haben, die analytisch-psychokathartische Methode zu
erlernen, sind wenigstens drei dieser Formulierungen
notwendig. Zwei oder gar nur eines würden einen zu
schnell ermüden. In dem – jetzt einmal anders geschriebenen *Formel-Wort* C-E-R-A-M-O-R-S-A (Abbildung
links oben) stecken je nach Ausgangsbuchstaben folgende
Bedeutungen: C eram orsa (hundertfach war ich Beginnen, amo R sacer (ich liebe das heilige R), cera morsa
(das zerstückelte Wachs), mors acer (der Tod ist bitter),
amor sacer (die Liebe ist heilig) usw.

Wie betont, kann man diese Bedeutungen gleich wieder
vergessen. Sie sind zu disparat, also auf keinen Nenner zu
bringen. Denn übt man sie in dem einheitlichen Schrift-

---

[108] In der Psychoanalyse gehen wir davon aus, dass in der
Menschentwicklung die symbolische Ordnung bzw. die Sprache eine entscheidende Funktion einnimmt, die die Wahr-
nehmung in eine reine Sinnestätigkeit und eine Triebtätigkeit
teilt. Die Sinnestätigkeit ist eine Wirklichnehmung, die Triebtätigkeit eine Wahrnehmungslust, zusammengefasst sprechen wir von Wahr-Nehmung. Das Wahre kommt durch die
Sprache herein, die Nehmung durch die Wirklichkeit.

zug, wird man niemals den bitteren Tod mit dem zerstückelten Wachs und dem hundertfachen Beginnen in einem Sinngehalt zusammenbringen können. Wichtig ist nur zu verstehen, wie die *Formel-Worte* aufgebaut sind, so dass man wissenschaftlich-intellektuell das Verfahren jeder Zeit hinterfragen kann. Kommen irgendwelche Gefühle oder Ideen hoch, die unpassend sind oder Angst machen, kann man nachdenken oder sich weiter über das Verfahren belesen. Blinder Glaube ist nicht gefragt. Die positive Übertragung richtet sich lediglich auf den Kern des Unbewussten.

Bei der zweiten Übung wird nunmehr auf genau dieses Es *Spricht*, dieses Körper-Echo, also auf einen von oben / rechts im Kopf herkommendes Verlauten, auf einen Ton, Laut, aus dem tiefen Inneren geachtet. Es sind schließlich Buchstaben, die aus diesem ‚typographischen' Raum herausklingen und die das Unbewusste dort gespeichert hält. Und genau in diesen Raum sind die *Formel-Worte* eingedrungen und haben die Buchstaben in ihrer B(r)uchstaben-haftigkeit geweckt und evoziert. Auch hier wieder gilt das Gleiche: es handelt sich um einen ganz originären Aspekt des Entäußerungs- bzw. Sprechtriebes, der in jedem Menschen als Primärprozess vorhanden ist und im Unbewussten sogar die Form ganz knapper, kompakter „innerer Sätze", „ultrareduzierter Phrasen" annimmt (alles Begriffe Lacans für diese lautliche Erfahrung, die ich *Pass-Worte* nenne).

Auch hier können anfänglich nur ein feines Rauschen, ein ferner Laut oder Ähnliches wahrgenommen werden können, der Übende wird jedoch von Anfang an bemerken, dass es sich hier um eine Konzentration auf ein mehr oben-rechts oder oben-zentral im Kopf befindliches Hör-Sprechsystem handelt, zu dem die Echos des Körpers Beziehung haben, auf die hier zurückgegriffen wird.[109] Auch wenn das eigentliche Hör-Sprechsystem im Kopf linksseitig angelegt ist, ist eben rechtsseitig das mehr rudimentäre, musikalische und der Regression besser zugängliche Hör-Sprechsystem vorhanden, und seine Echostruktur deutlich zu sehen. Dazu passen dann eher die kurzen Phrasen der *Pass-Worte*, die in dieser zweiten Übung innerlich ‚hörbar‘, gedanklich laut werden, während bei den längeren das linksseitige System (psychoanalytisch: das Vorbewusste) eine Rolle spielt. Ein Beispiel:

Einer meiner Patienten, der mit dem *analytisch psychokathartischen* Verfahren schon länger übte, hatte beim Üben einmal den Gedanken oder die ‚Eingebung‘, wie er es nannte und die ich also ein *Pass-Wort* nenne, nämlich die Kurzformel: „atemgemerkt". Nur dem Übenden selbst war die Bedeutung dieser Aussage sofort klar.

---

[109] Lacan, J., Seminare XXIII, Übersetzung Lacan-Archiv, S. 10: „Die Philosophen . . wissen nicht, dass die Triebe das Echo im Körper sind. . .Weil der Körper einige Öffnungen hat, deren wichtigste, weil sie nicht geschlossen werden kann, das Ohr ist, antwortet im Körper das, was ich die Stimme genannt habe". All das subsumiere ich unter dem Begriff des Es *Spricht*.

Einem Außenstehenden würde sie wohl nicht viel sagen. Dieser Proband beschäftigte sich jedoch schon einige Zeit mit dem Atemvorgang, der ja bekanntlich in Meditation, Yoga oder bei sogenannten Atemtherapien eine große Rolle spielt. Gerade im religiösen Mythos findet er sich häufig erwähnt: Gott haucht mit seinem Atem dem Menschen seine Seele ein. Das Pneuma, der Rûach, eine Art von Hauch kennzeichnet das Seelisch-Geistige.

Genau damit beschäftigte sich mein Proband, der vorher Vipassana-Meditation geübt hatte, bei der man sich auf den Atem konzentrieren soll. Aber gerade dieser seltsame Spruch vom „atemgemerkt" zeigte ihm zweierlei: erstens, dass es die Konzentration auf den Atemvorgang einen darauf fixiert (ständig gemerkt wird), und man so nicht das Bewusstsein für den Körper und dessen Funktionen übersteigen kann. Dies sei aber wohl notwendig, um das Gedächtnis frei zu machen für die Erfahrungen des ‚Durchrieselns' im Zug der Katharsis, die er in diesem Moment wie einen Atemzug zu spüren glaubte, ohne dass es dabei um einen physiologischen Vorgang gegangen sei. Denn das „sich-Gemerkt-Haben" des Atems hindert das, was wohl immer schon mit dem Pneuma und Ähnlichem gemeint war.

Sich ohne Atemkonzentration auf das reine *Strahlt* seines Körperbildes zu achten würde eine „kinästhetischen" Wahrnehmung erzeugen, wie dies Psychologen und auch Neurologen sagen. Und zweitens hat er erfahren, dass es etwas gibt, das nicht nur existiert, Dasein hat, Spiegelung ist, sondern mit ihm redet, das aus ihm heraus *Spricht*, und dass dieses Sp*richt* das der Körperechos ist, die sogar sein Innerstes ausdrücken. Niemand sonst hätte ihm so etwas vermitteln können. Kein noch so guter Freund, kein noch so bekannter Wissenschaftler hätte ihm diesen für ihn kathartischen und analytischen Inhalt geben können, so seltsam dieser auch geklungen haben mag.

Wenn man sich über Psychoanalyse etwas beliest und auch sonst Kontakt zu literarischer und wissenschaftlicher und sonstiger Kultur hält, und auch den vorliegenden Text gelesen hat, einen Versuch mit den Übungen gemacht hat, kurz: ein bisschen Bildungsbürger ist, wird man die oft sofort einsehbaren *Pass-Worte* richtig deuten. So schreibt Freud, dass man sogar manche Träume, die ja nun viel entstellter sind als die *Pass-Worte*, und die ja auch unmittelbar vom Symbolisch-Realen herkommen, direkt vom „Blatt weg ablesen" könnte. Man braucht nicht mehr den Träumer nach Einfällen dazu zu befragen und umständliche Interpretationen anzubringen.

Und noch ein letzter Hinweis, nach dem oft gefragt wird. Bemerkt man bei der Anwendung der *Analytischen Psychokatharsis*, dass der *Strahlt*-Anteil beim Üben zu stark ausfällt, wechselt man zur *Spricht*-Übung und umgekehrt. Ansonsten sind beide Übungen jeweils nur für etwa zwanzig Minuten durchzuführen. Der Wechsel von praktischer Erfahrung und theoretischem Denken ist wichtig, weil am Ende etwas Gemeinsames herauskommen wird: eine gedankliche Selbsterfahrung, eine praktische Logik, eine kathartische Analyse. Letztendlich finden beide Übungen zu einem inneren ‚Auftrag‘, einer Gewissheit, auch am Verfahren mitwirken zu können.

Andererseits habe ich bereits beschrieben, dass man manchmal nicht nur in Gedanken vom meditativen Vorgang abweicht. Manchmal weicht man sogar zwischen den einzelnen *Formel-Worten* zu Bildern, Erinnerungen, zu einem Gemisch von beiden und zu *Pass-Worten* ab, und kehrt dann doch wieder zum *Formel-Wort*-Reverberieren zurück. Der Fortgeschrittene wird dies durchaus als bereichernd erfahren, denn er lässt sich nicht in eine einseitige *Strahlt-* oder *Spricht*-Richtung verführen, sondern bleibt beim Fortschreiten in der engen Kombination der beiden Grundtriebe, Grundprinzipien, des Bild-Wort-Wirklichen, bis die gute, gelungene, ideale Kombination erreicht ist. Und nochmals: neben einer Heilung von Störungen besteht das Ziel darin, an einer Weiterentwicklung des Verfahrens mitzuwirken.

Literaturverzeichnis

Baggini, J., Ich denke, also will ich, dtv (2016)

Bultmann R., Jesus, UTB (1968)

Beinert, W., Wenn Gott zu Wort kommt, Herder (1978)

Byung-Chul Han, Die Austreibung des *Anderen*, Fischer Wissenschaft (2011)

Davies, P., Gott und die moderne Physik, Bert. M. (1986)

Drewermann, E., Die Botschaft der Frauen, DTV(1997)

Eccles, J. C., Gehirn und Seele, Piper (1987)

Freud, S., Studienausgabe, Fischer (1989)

Goel, B. S. Meditation und Psychoanalyse, Ariston (1989)

Harari, Y. N., Homo Deus, C. H. Beck (2017)

Heidegger, M., Unterwegs zur Sprache, G. Neske (1959)

Hilbrecht, H., Meditation und Gehirn, Schattauer (2010)

Jakobson, R., Semiotik, Suhrkamp (1988)

Jung. C.G., Gesammelte Werke, Walter (1983)

Kernberg, O. F., Liebesbeziehungen, Klett-Cotta(1998)

Knaurs Großer Bibelführer, KNAUR (1999)

Küng, H., Christ sein, Piper (1974)

Lacan, J., Schriften I - III, Walter, (1975)

Lacan, J., Seminare I,I, VII, XI, XX, Quadriga (1980-1995)

Lacan, J., Seminaire Nr. III, Iv, VIII, XVII, Edition Seuil (1981-1994)

Lacan, J., Die Bildungen des Unbewussten, Turia & Kant (2006)

Lacan, J., Mitschriften der Seminare,VI,IX,X,XII,XV, B.R.L.F., Strasbourg

Lapide, P., Ist die Bibel richtig übersetzt? Bechtermünz (1999)

Laplanche, J., Pontalis, J. B., Das Vokabular Der Psychoanalyse, Suhrkamp (1989)

Maier/ Schubert, Die Qumran Essener, UTB (1982)

Merleau-Ponty, M., Das Sichtbare und das Unsichtbare, Fink Verlag (1994)

Mulack, C., Die Weiblichkeit Gottes, Kreuz (1992)

Potthoff, P., Die Begegnung der Subjekte, Psychosozial-Verlag (2014)

Rahner, K., Kleines theologisches Wörterbuch, Herder(1978)

Roazen, D., Der innere Sinn, Archäologie eines Gefühls, Fischer (2012)

Schmidt-Hellerau, C., Lebenstrieb & Todestrieb, Libido

Schubart, W., Religion und Eros, Beck (1989)

Stratenwerth, I., Stimmen hören, Kabel (1998)

Strowik, E., Sprechende Körper, Fink-Verlag (2009)

Vinnai, G., Jesus und Ödipus, Fischer (1999)

Weiss, Der Andere in der Übertragung, Frommann-Holzboog, (1988)

Webseite: analytic-psychocatharsis.com

Weitere Bücher des Autors aus dem MCS-Verlag

Analytische Psychokatharsis

Psychoanalytische Theorie und kathartische Meditation können nicht einfach ineinander überführt werden. Setzt man beide Verfahren aber durch ein entscheidendes Element (einen „linguistischen Kristall") in Beziehung, lässt sich ein eigenes neues Verfahren begründen. Die Psychoanalyse und die meditativen Methoden werden diskutiert, und die Praxis des eigenen Verfahrens wird ausführlich beschrieben.

Die Revolte des Selbst

Die klassische Methode der Analyse des Unbewussten stellt eine zu theoretische Revolte des Selbst dar. Um in der Praxis Erfolg zu haben bedarf es eines direkteren selbstanalytischen Verfahrens, das jeder aus sich selbst heraus entwickeln kann. Formulierungen, die in einem einzigen Schriftzug mehrere Bedeutungen enthalten, können das Unbewusste jedes Einzelnen durch mentales Üben aufbrechen und zu sich selbst befreien.

‚teetrunken' Ausgangspunkt des Buches stellt die Lehre des Psychoanalytikers O. Graf Wittgenstein dar, der davon ausging, dass der Mensch in sich drei Teile birgt, die er nur verschiedentlich zu einer Einheit bzw. einheitlichen Persönlichkeit verbinden kann. Die letztliche und ideale Einheit nennt er den 'Trialog'. Anhand der Schilderung mehrerer Bergbesteigungen durchstreift der Autor alle möglichen kulturellen und psychologischen Fragestellungen, um im Endeffekt den 'Trialog' durch das Wandern, Meditieren und intellektuelle Verarbeiten zu erreichen.

Yoga und Psychoanalyse

An Hand einer wissenschaftlichen Biographie des Religionswissenschaftlers und Yogalehrers Kirpal Singh (Surat Shand Yoga) werden alle Yogaformen von der Seite der Psychoanalyse her betrachtet. Es ergibt sich die Notwendigkeit ein eigenes Verfahren zu begründen, das der Autor auch *Analytische Psychokatharsis* nennt. Zahlreiche Bilder und Schemata machen das Buch anschaulich.